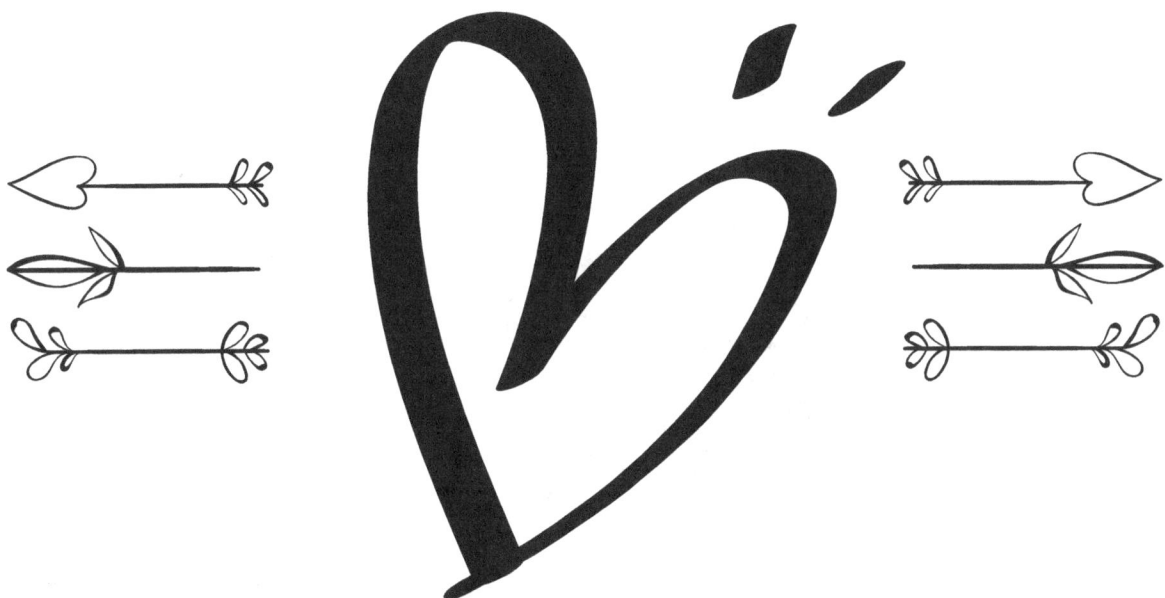

Este Libro
Pertenece a

TATUAJE MIXTO LIBRO DE COLOREAR

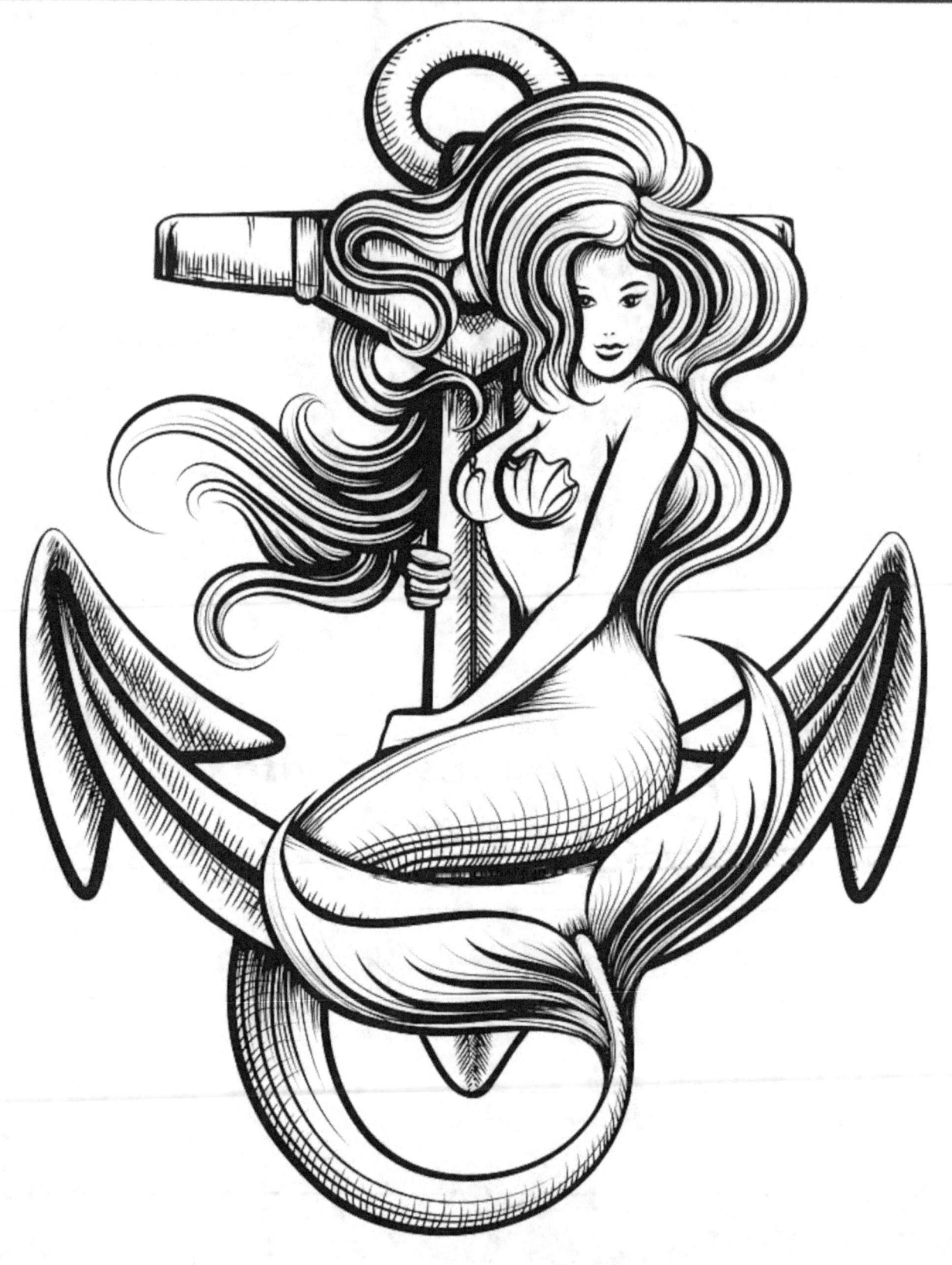

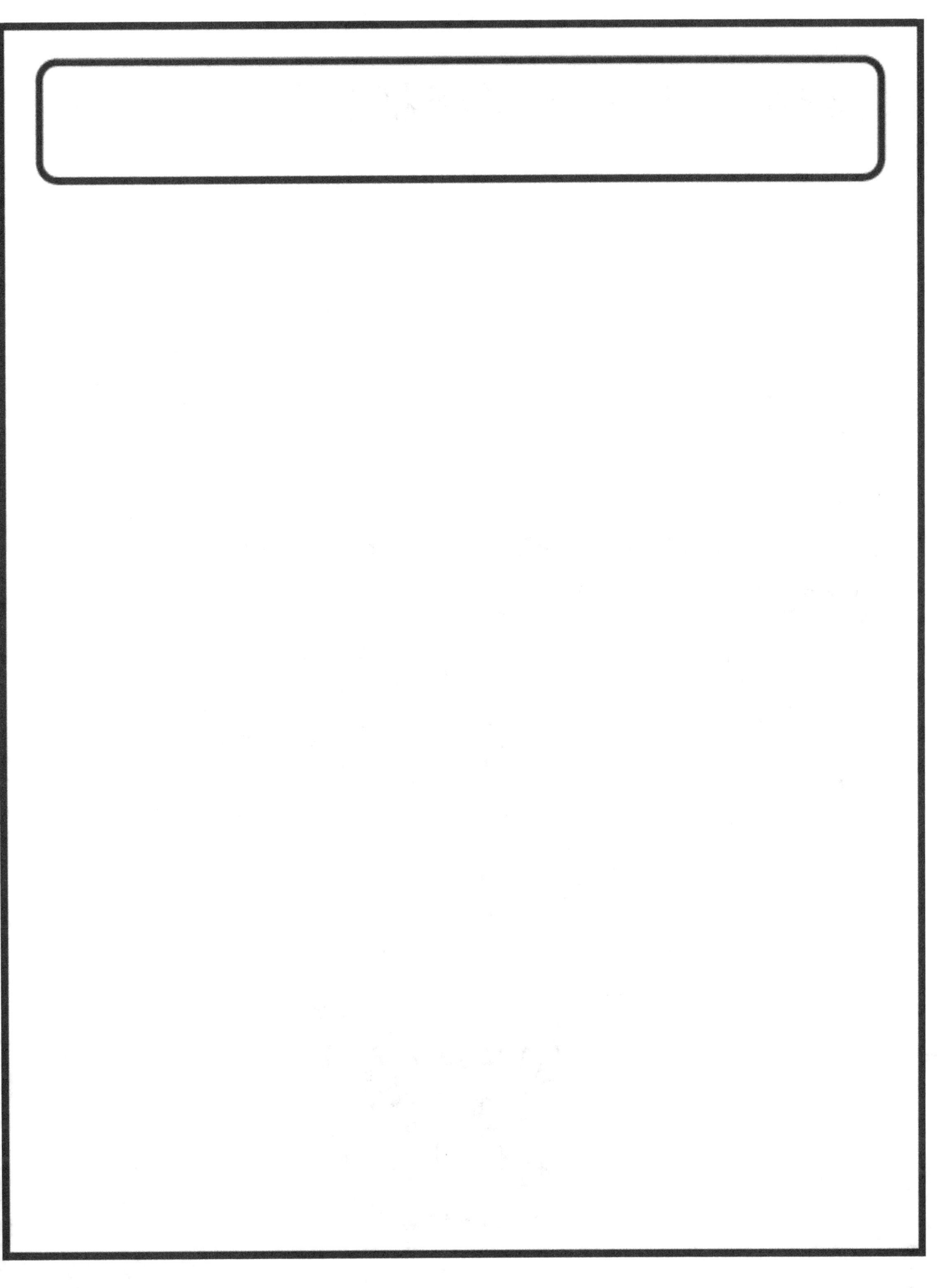

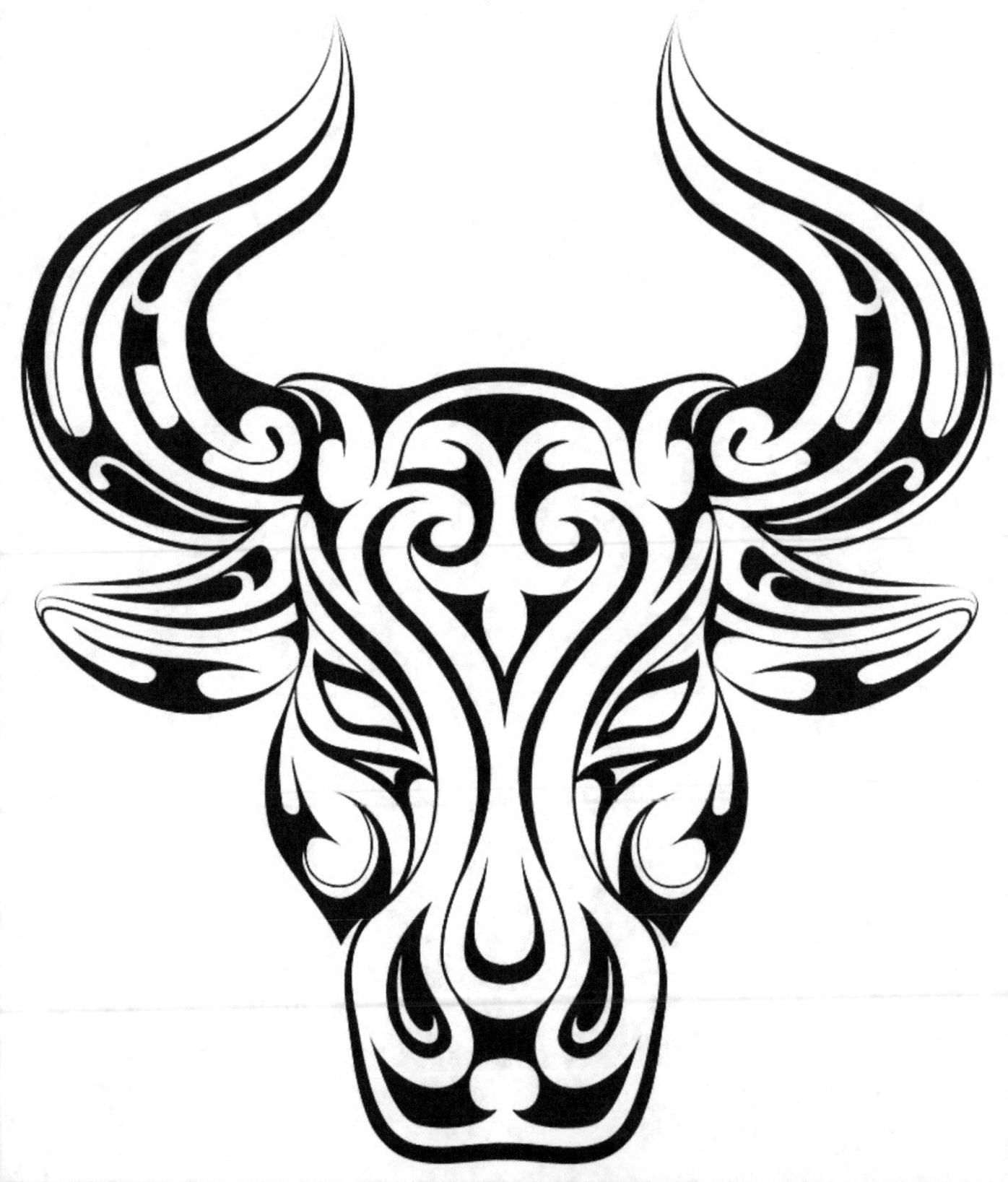

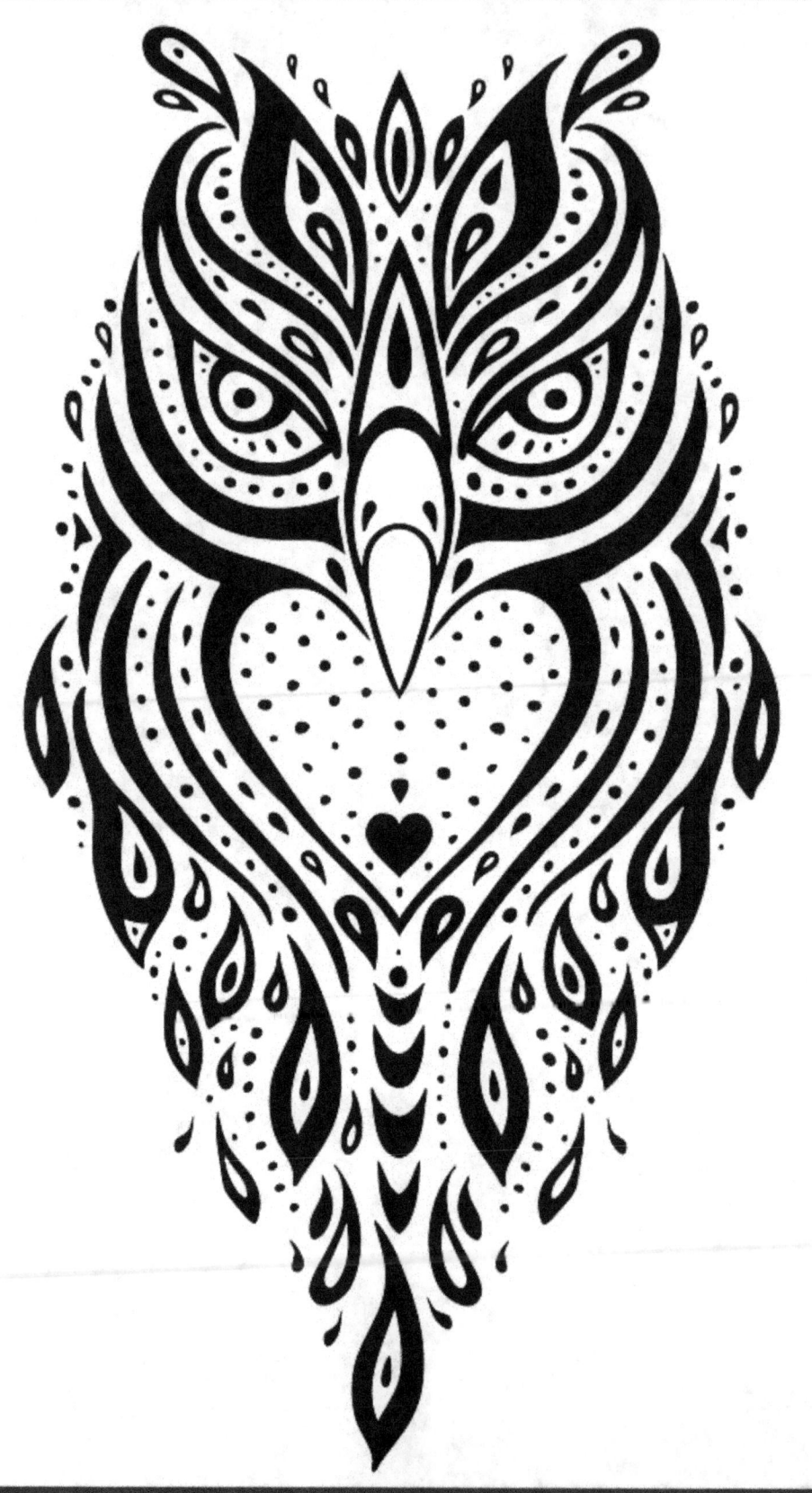

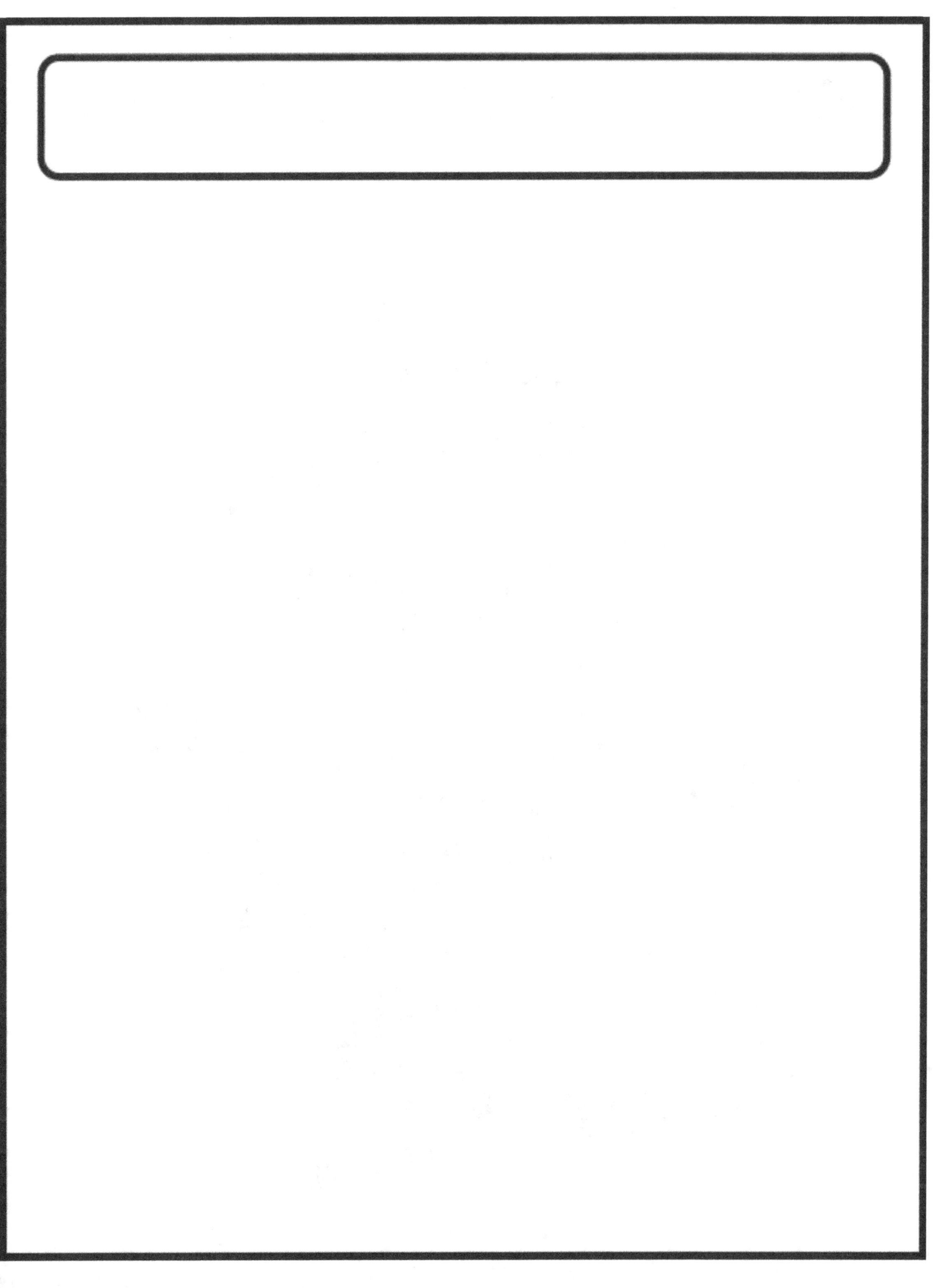

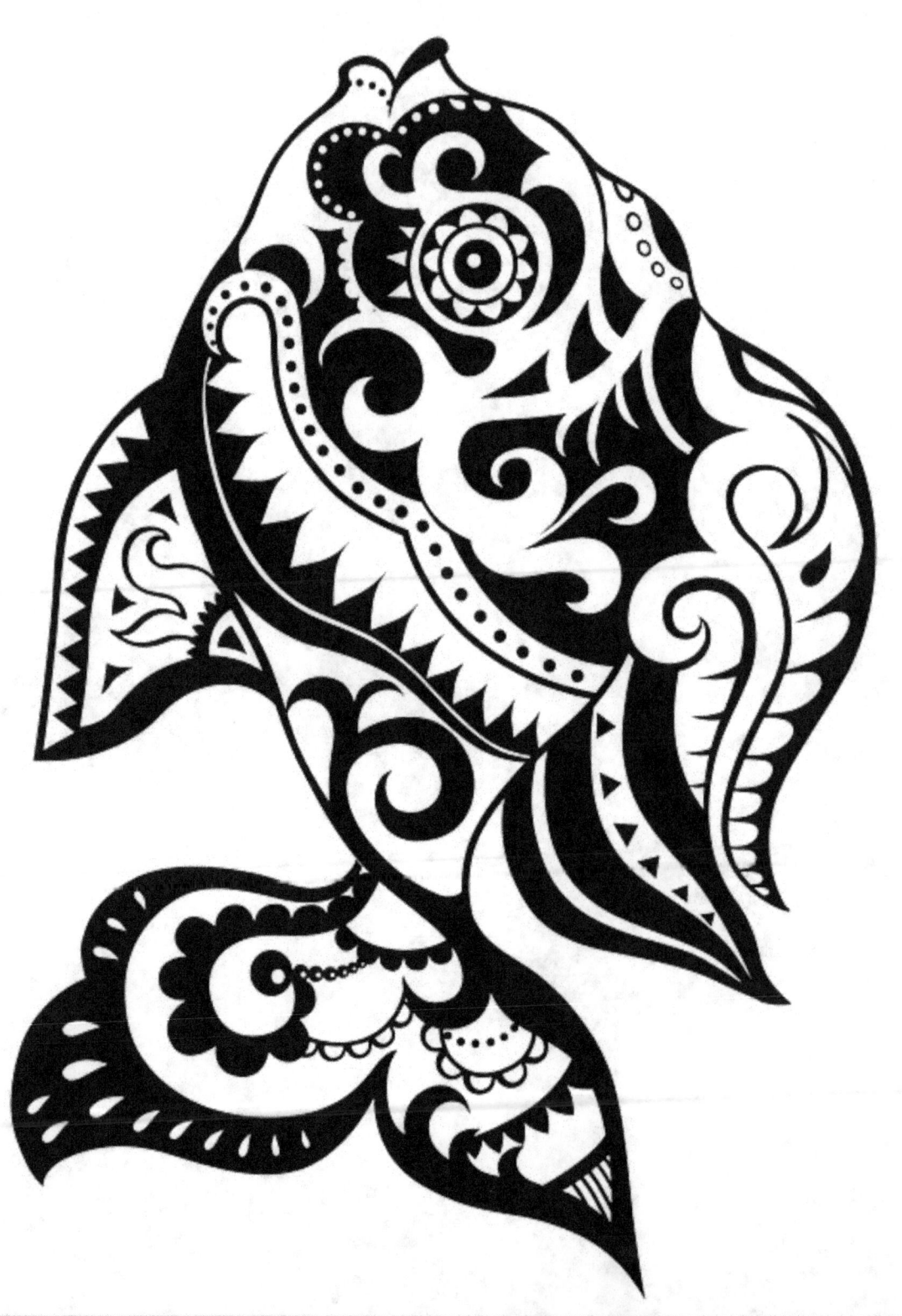

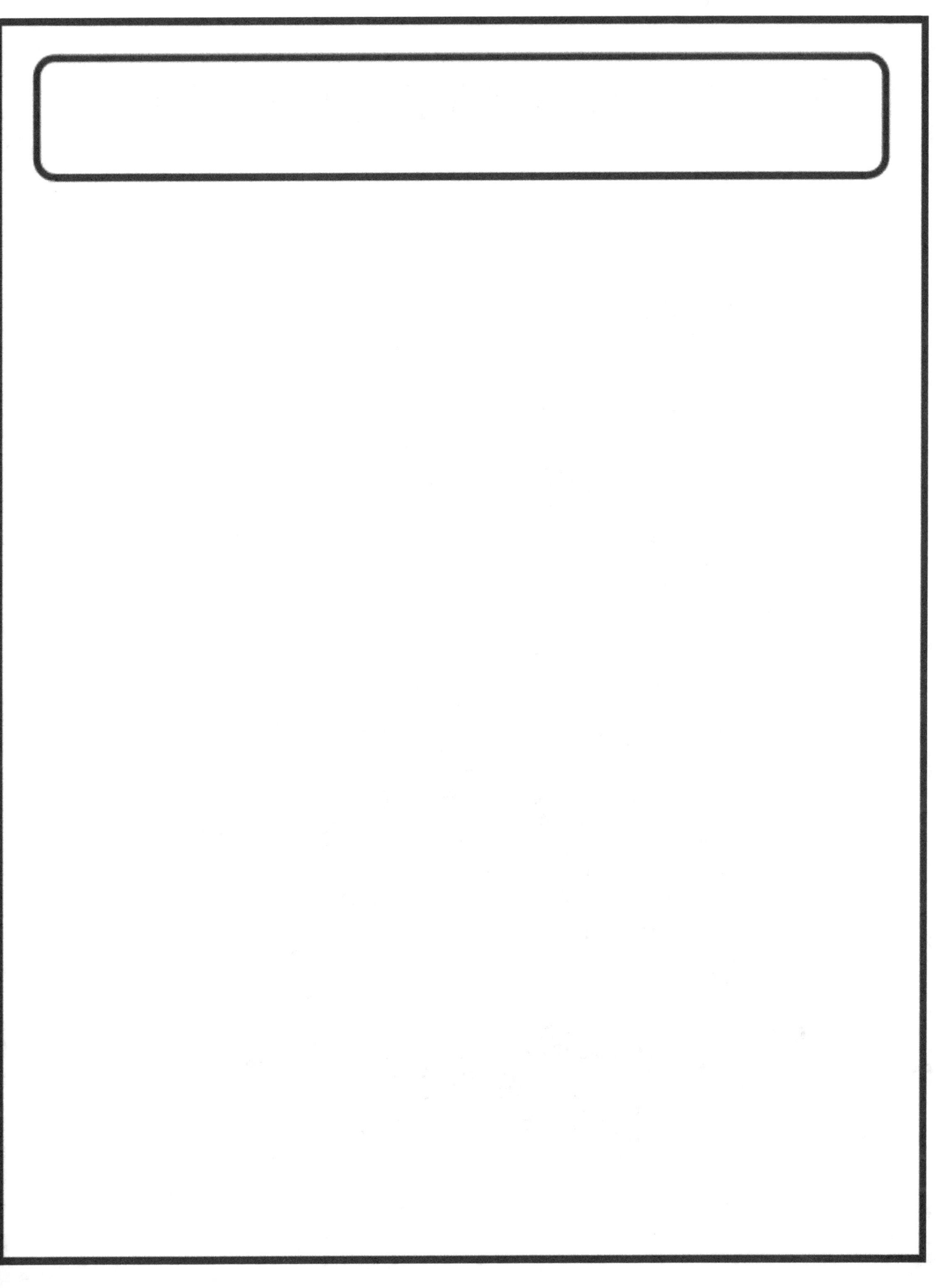

TATUAJE MIXTO LIBRO DE COLOREAR

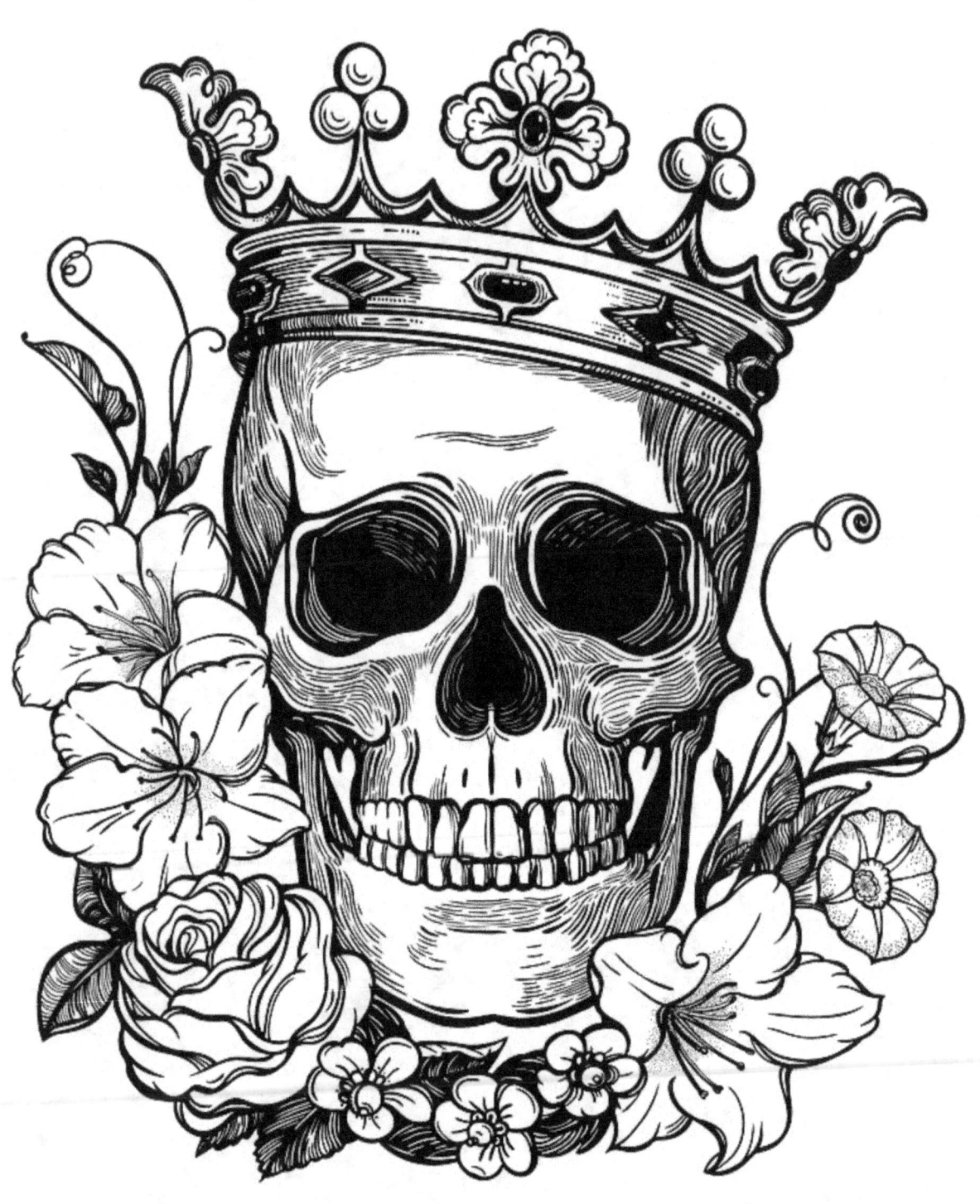

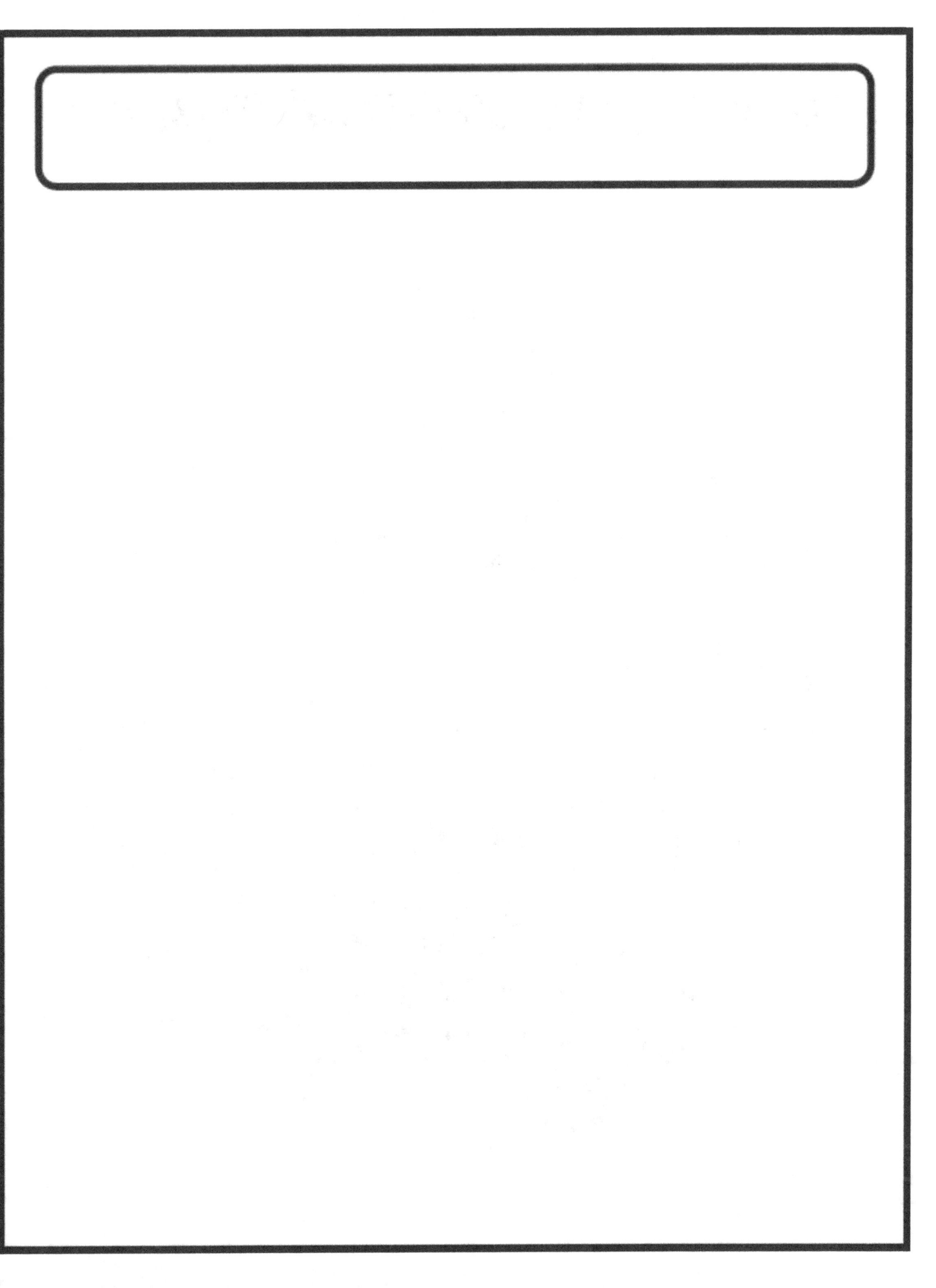

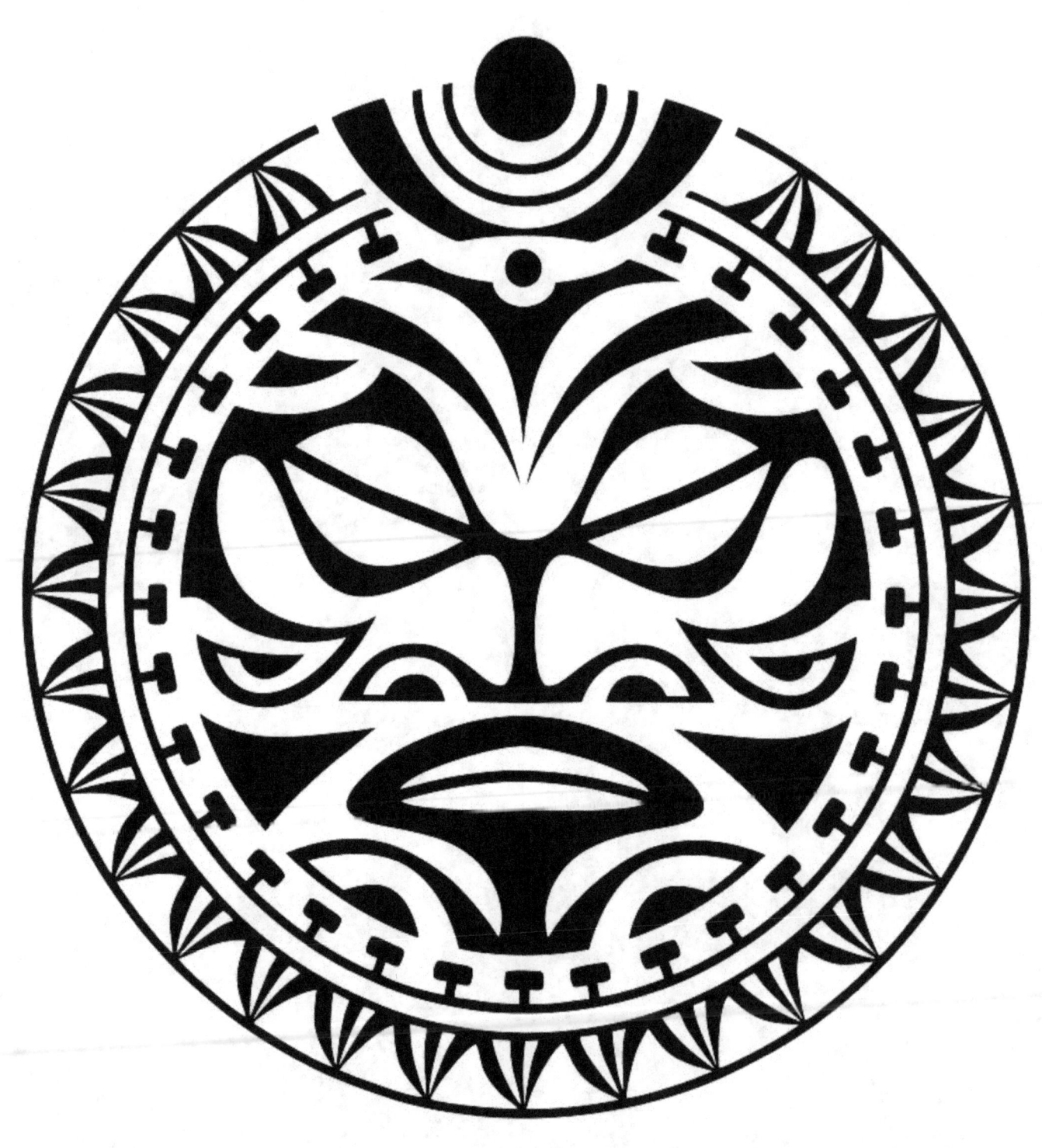

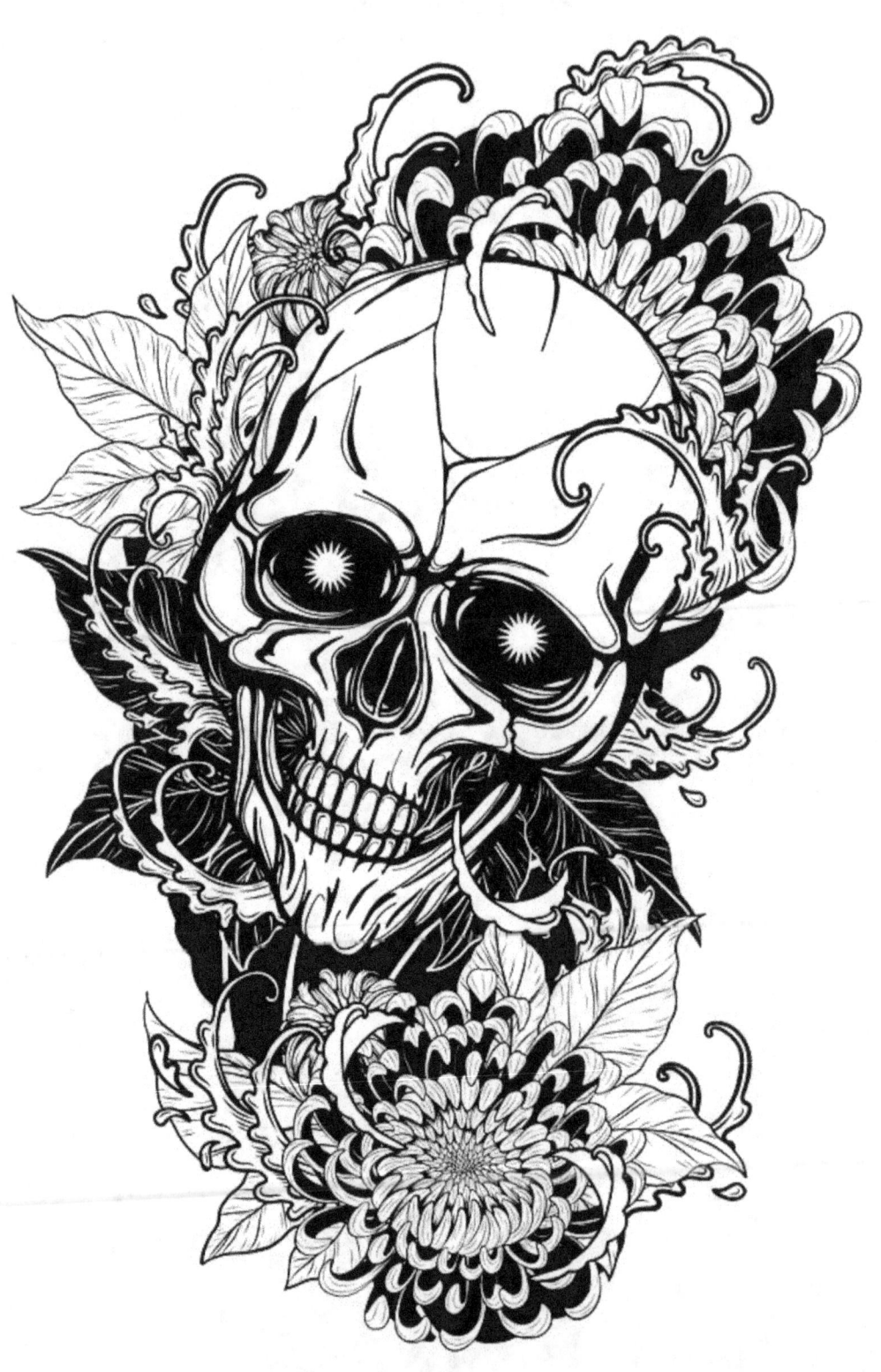

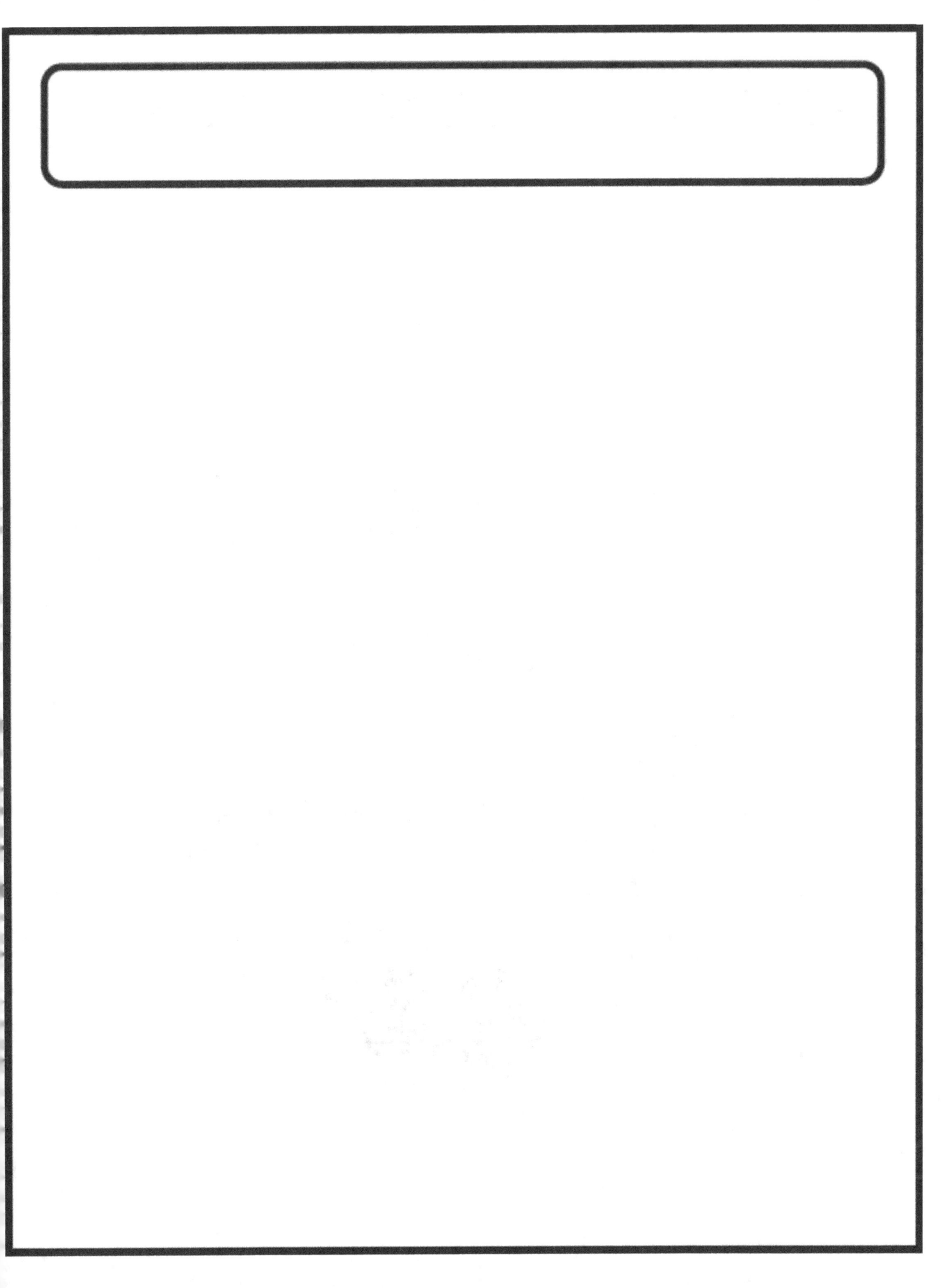

TATUAJE MIXTO LIBRO DE COLOREAR

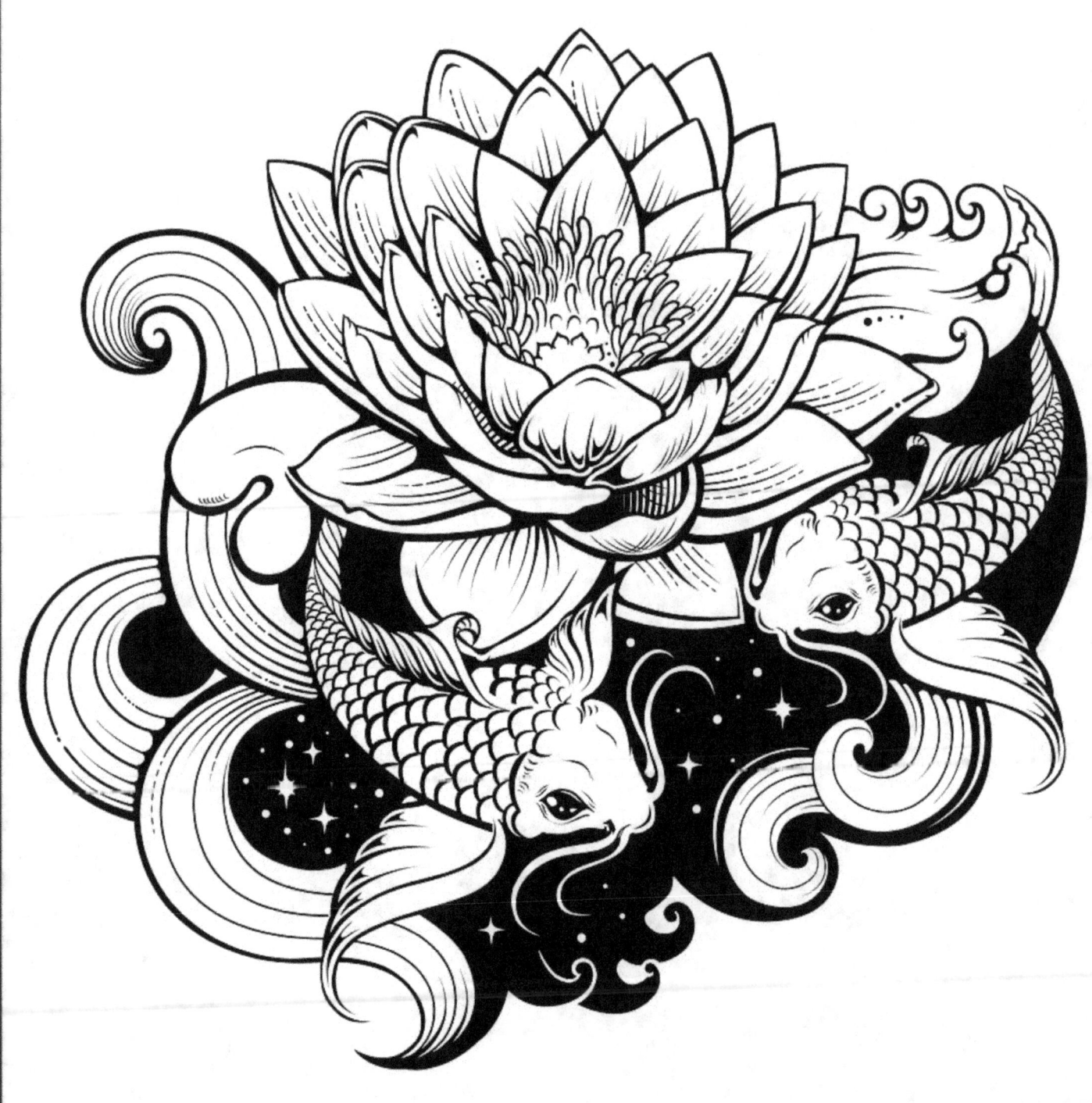

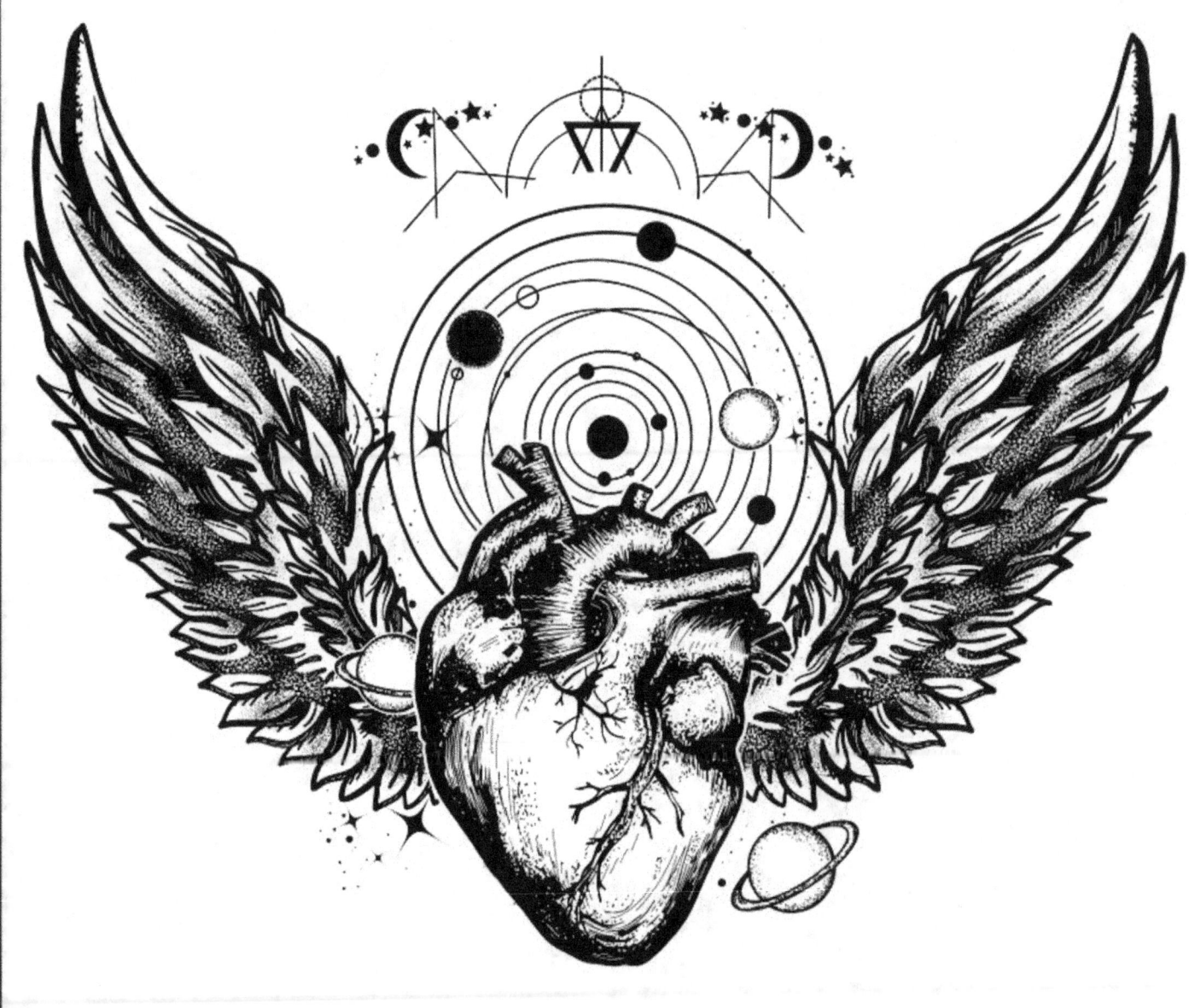

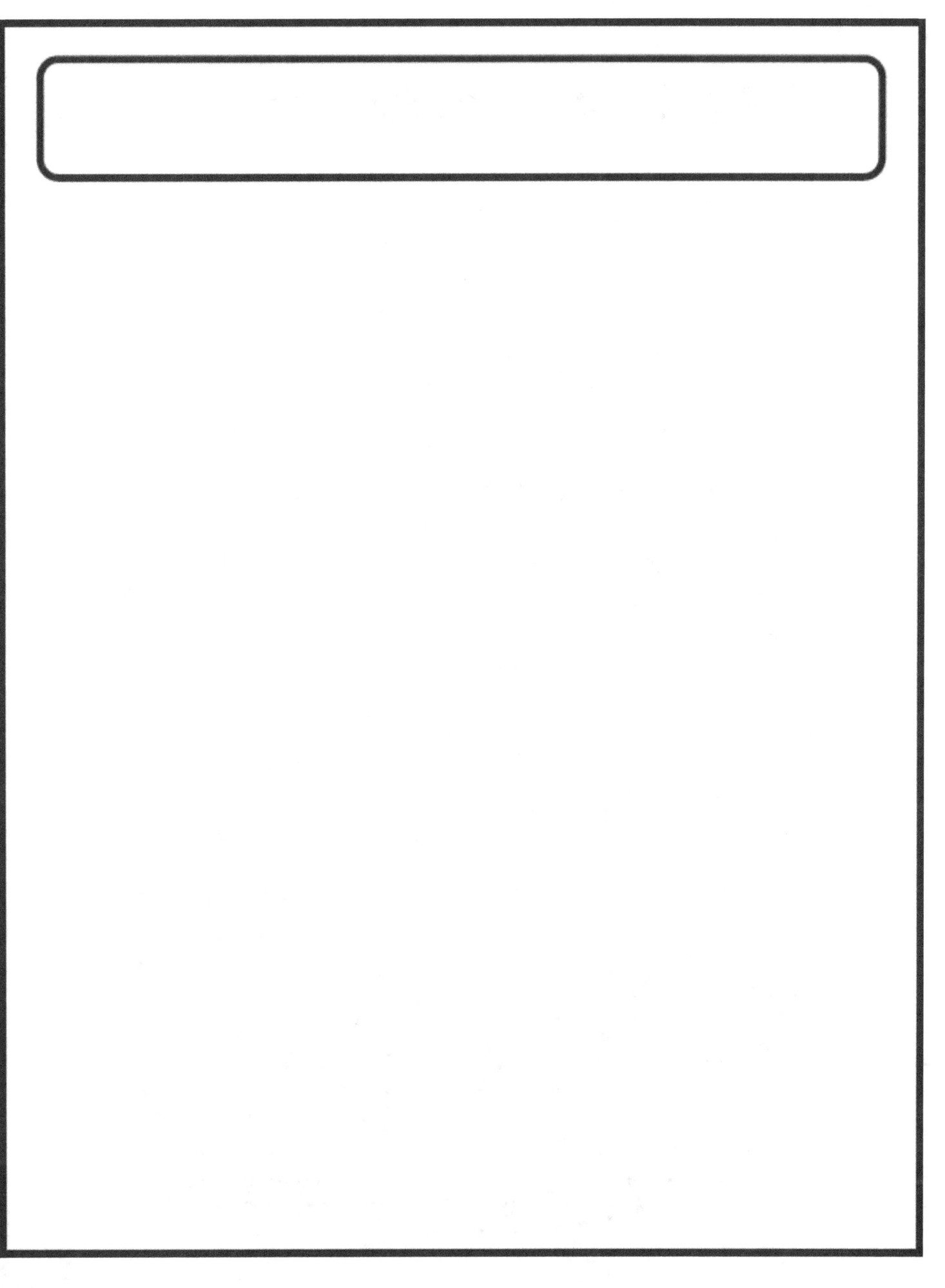

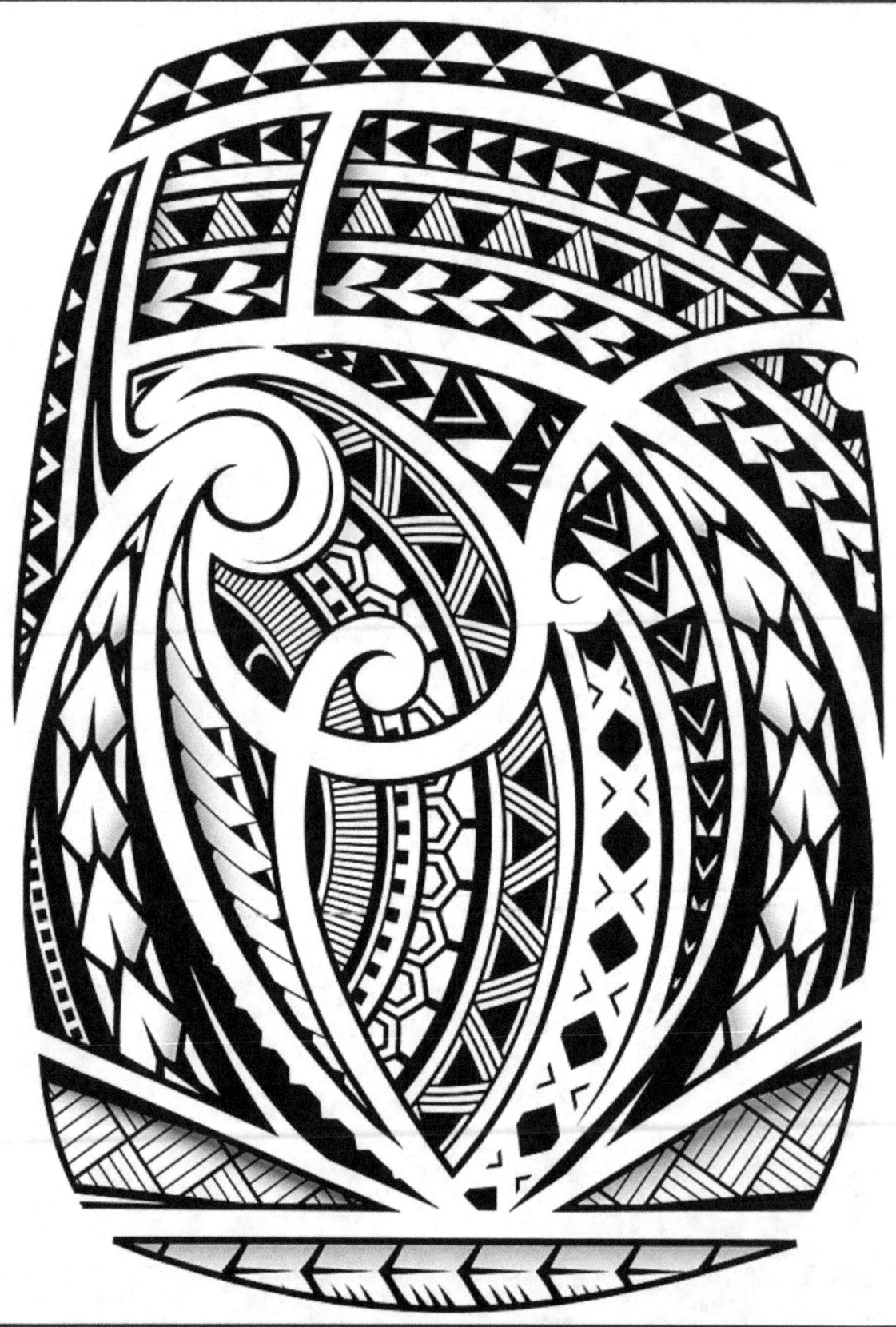

TATUAJE MIXTO LIBRO DE COLOREAR

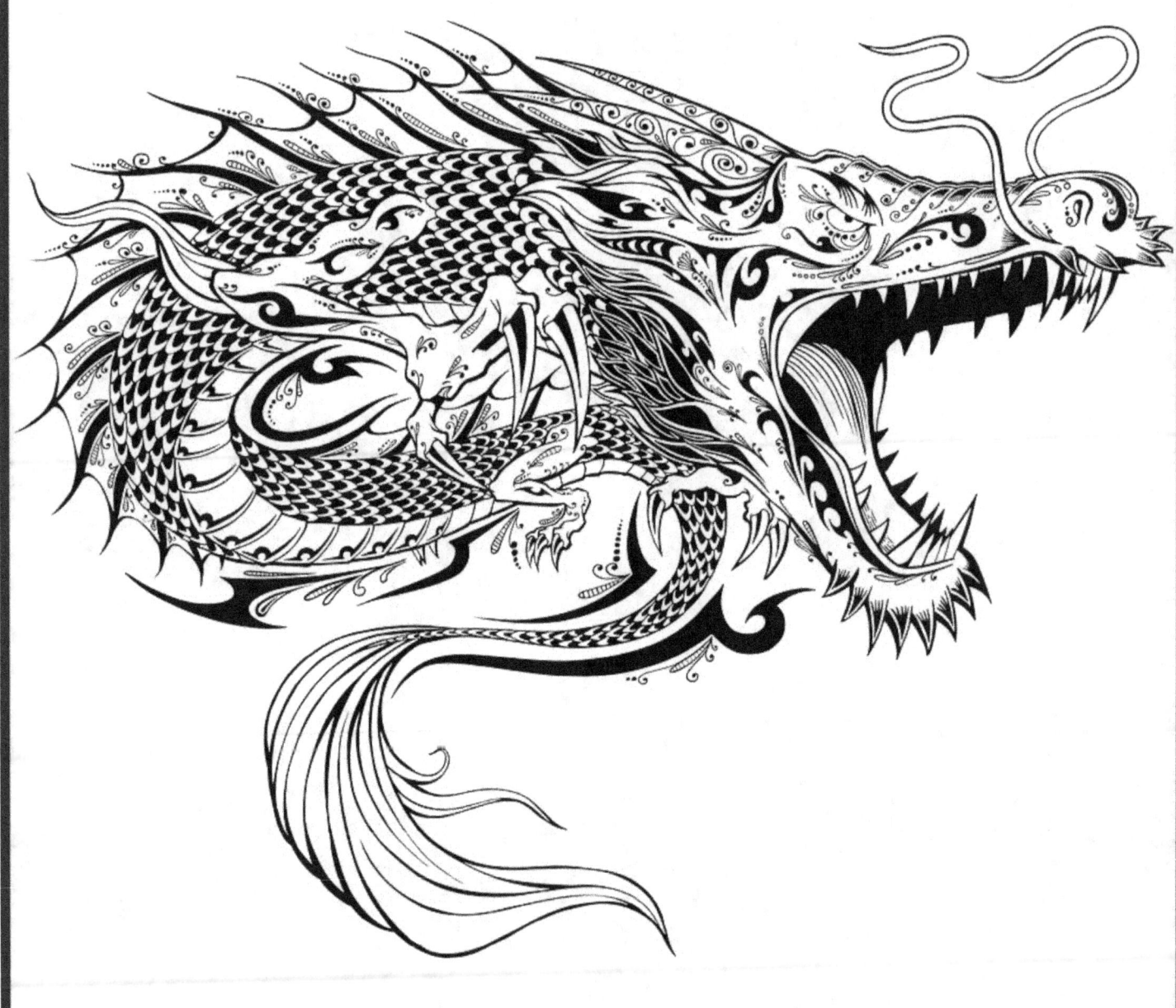

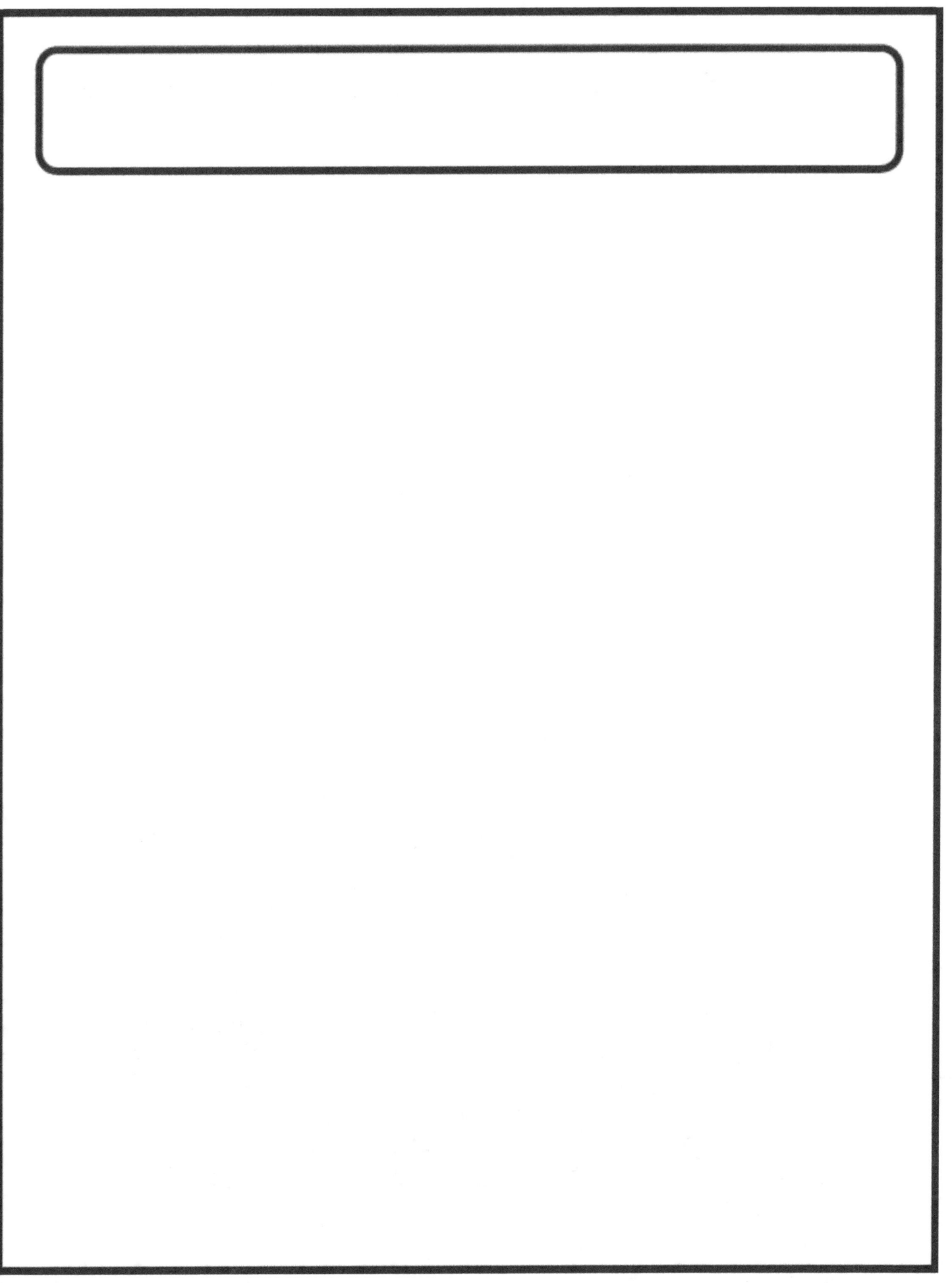

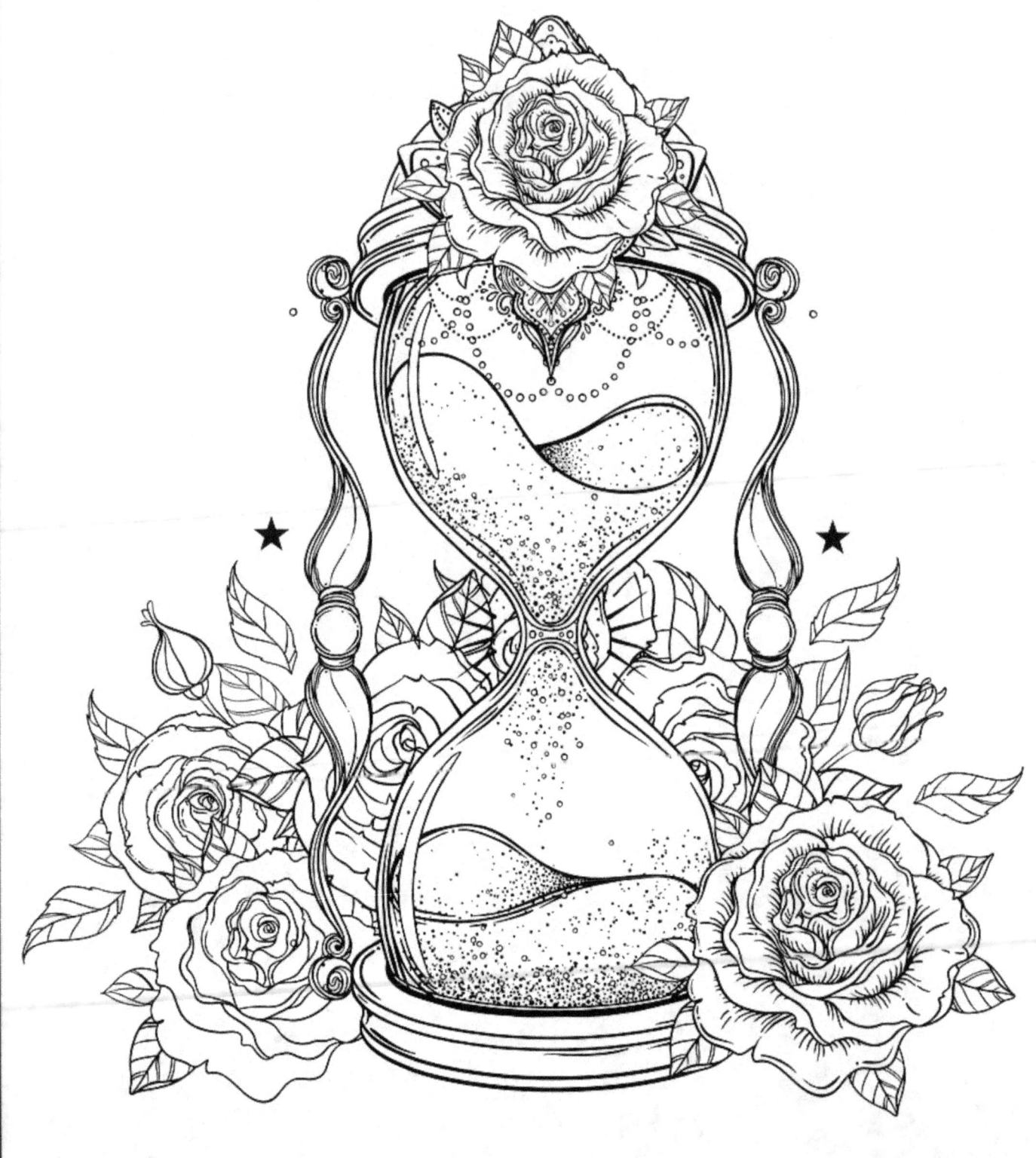

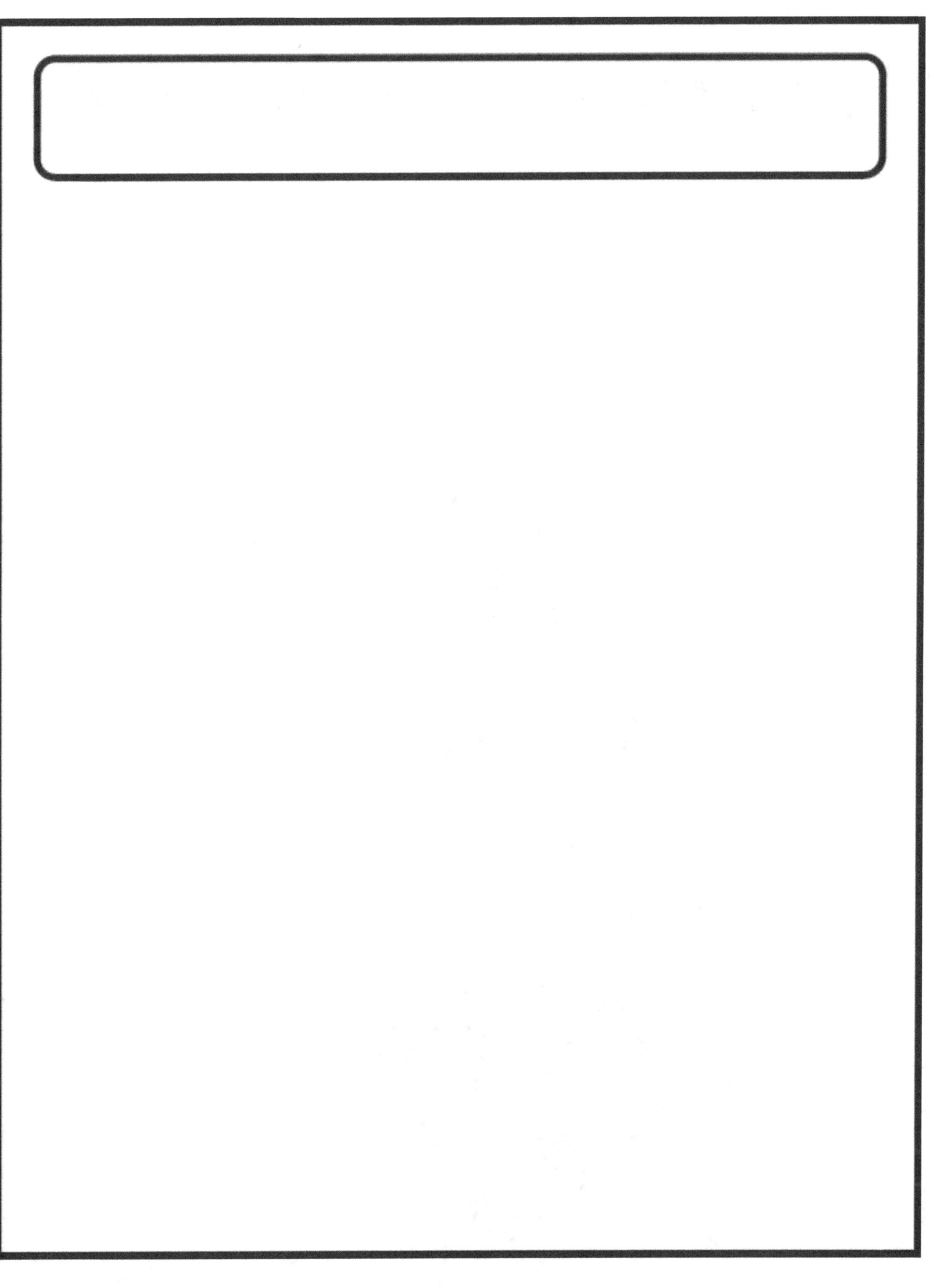

TATUAJE MIXTO LIBRO DE COLOREAR

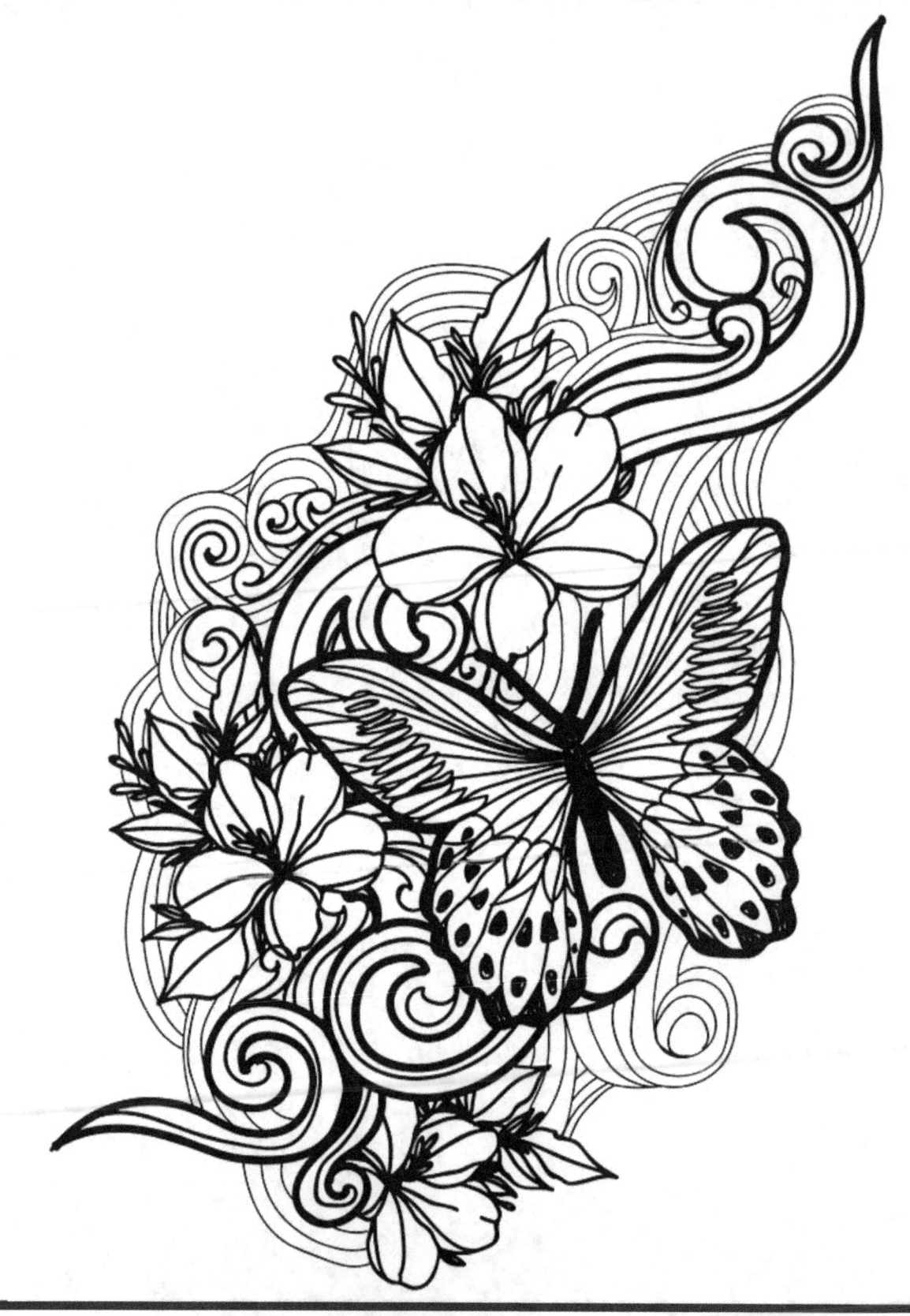

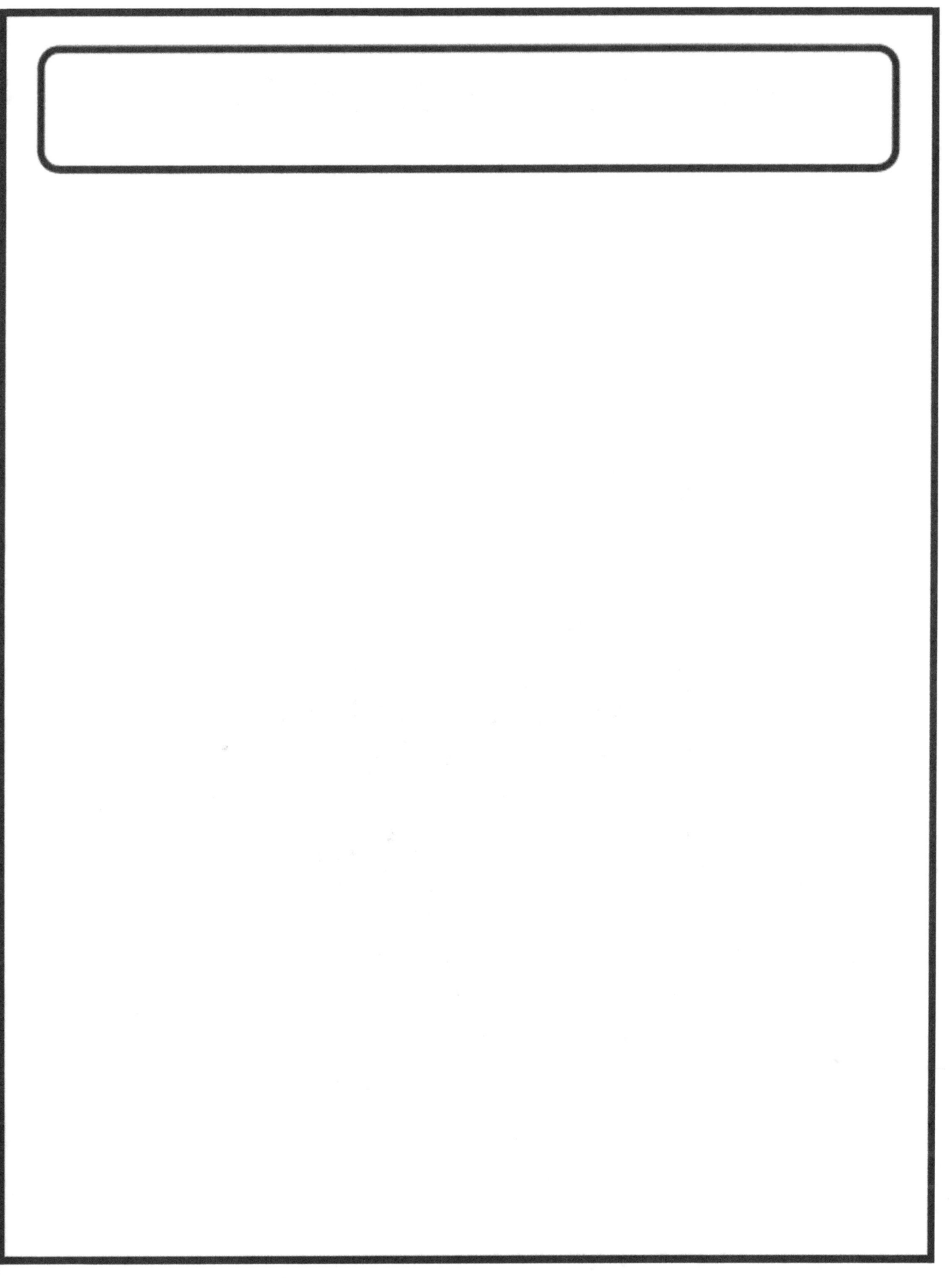

TATUAJE MIXTO LIBRO DE COLOREAR

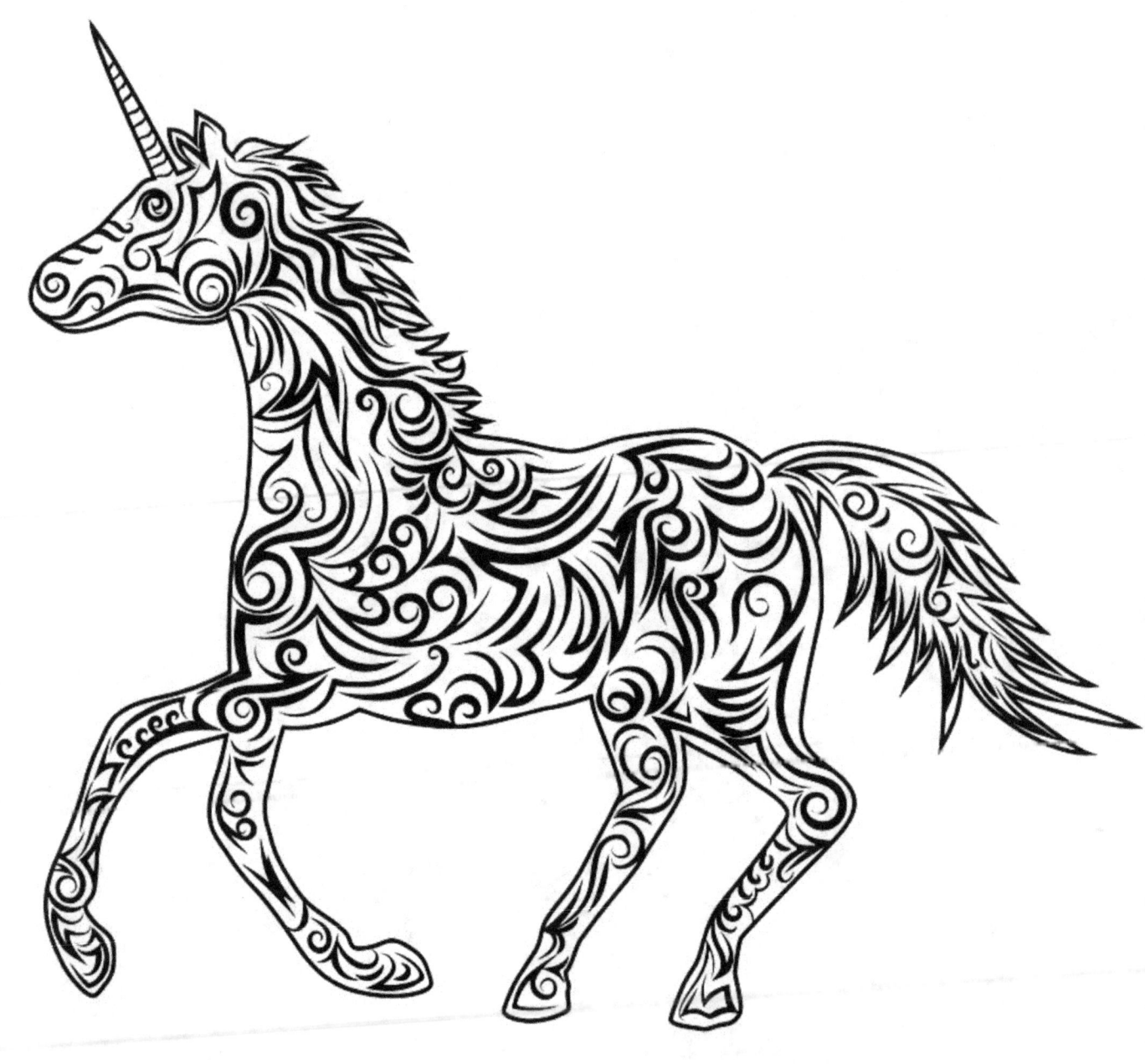

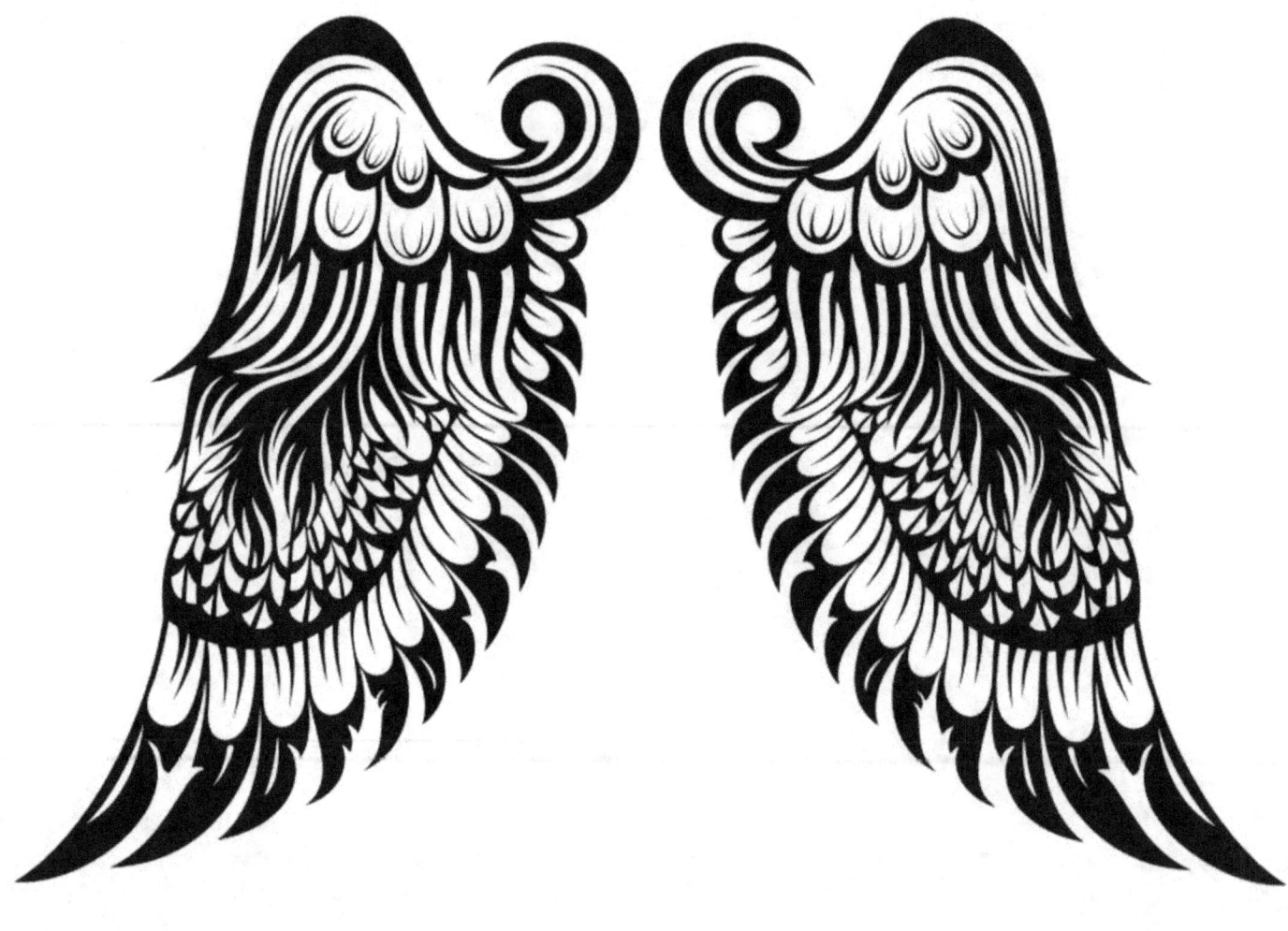

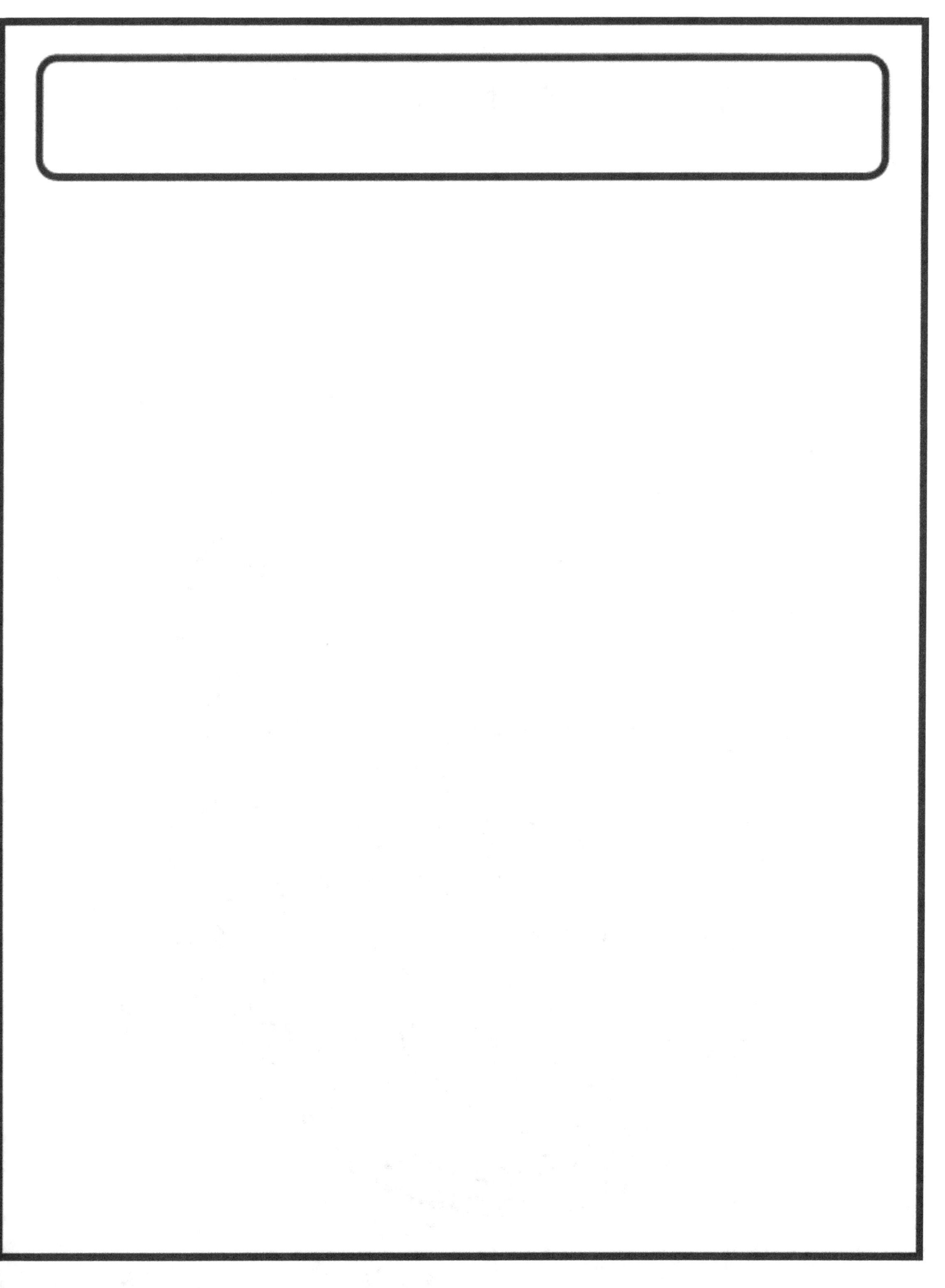

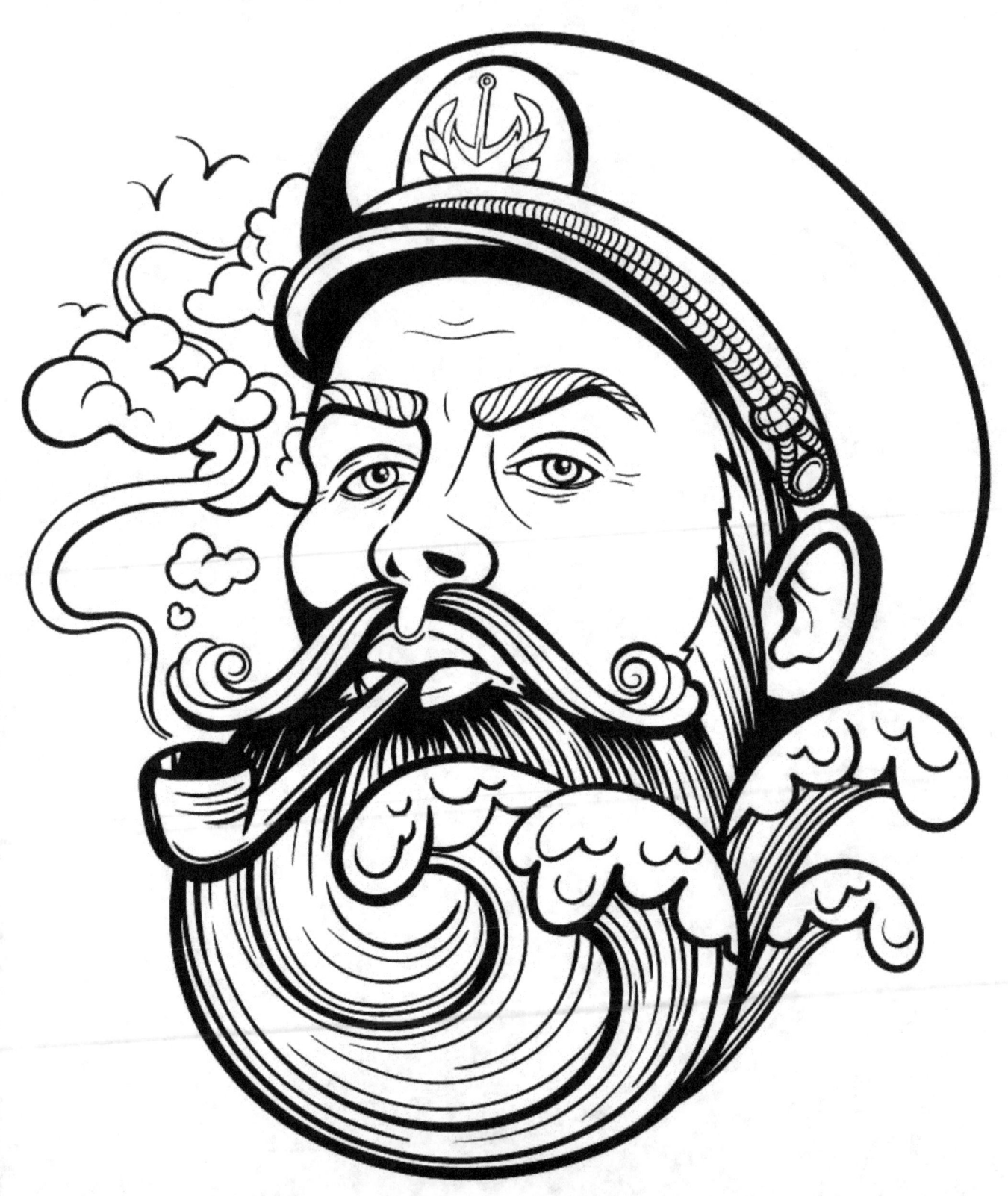

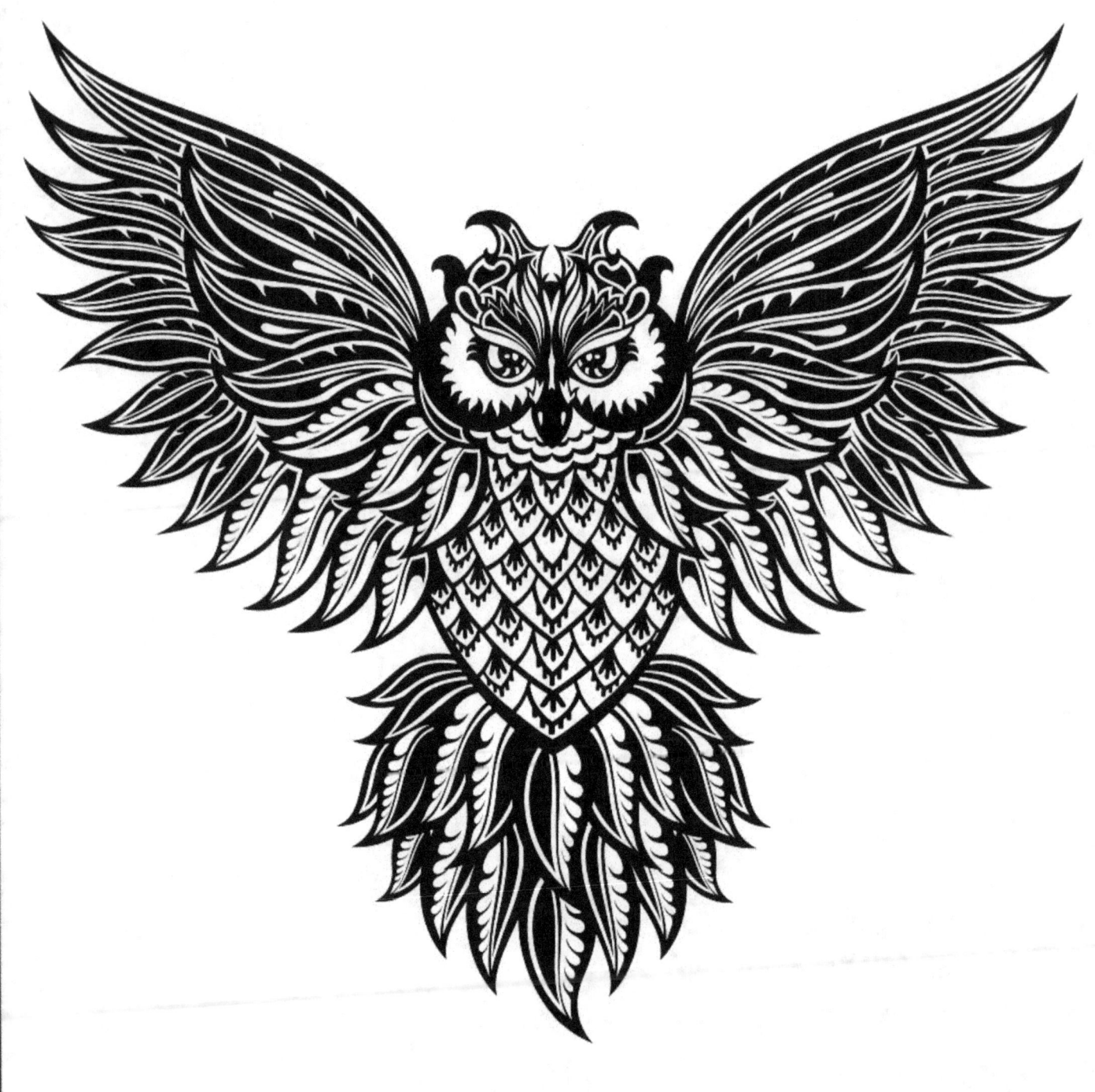

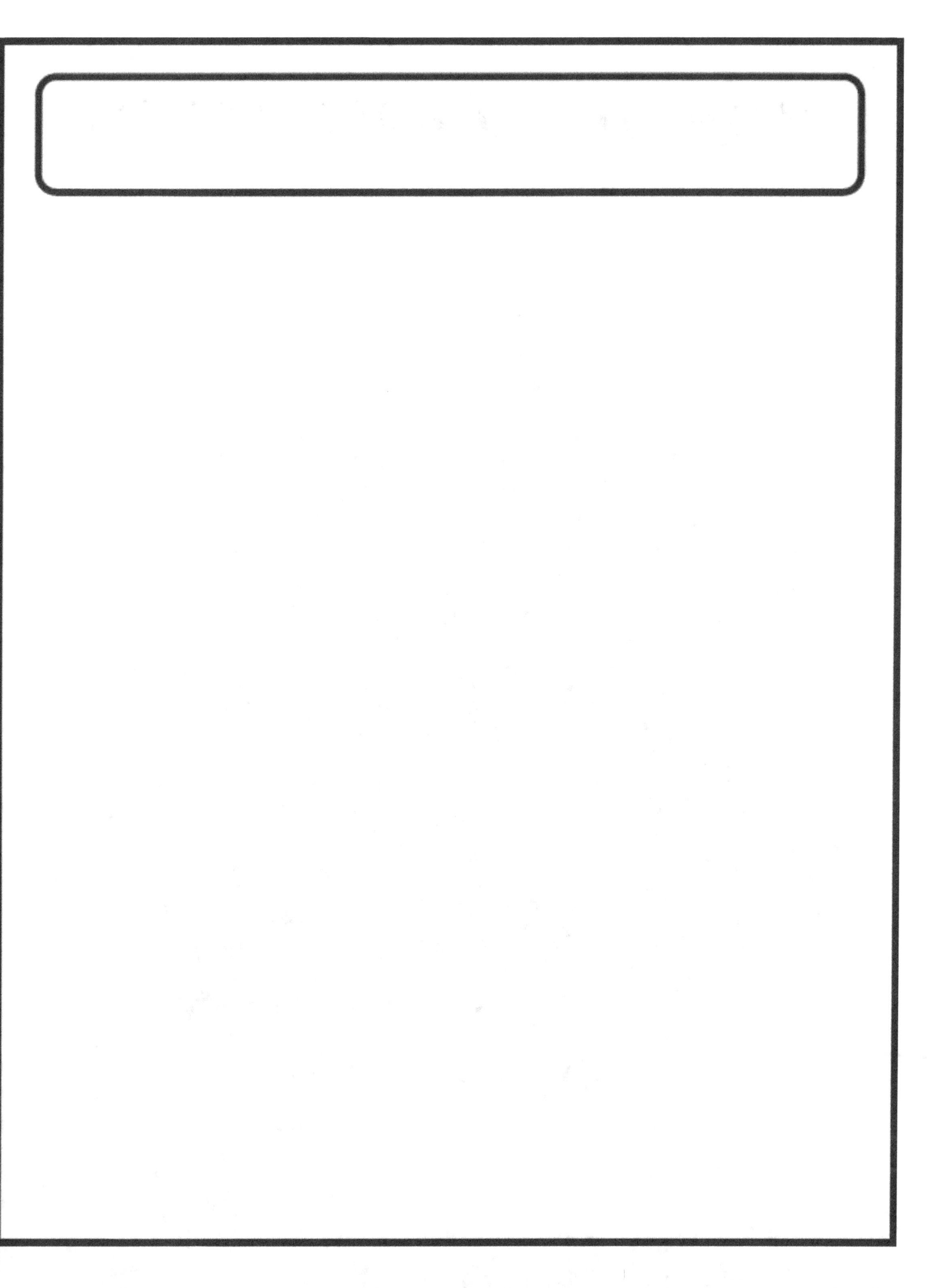

TATUAJE MIXTO LIBRO DE COLOREAR

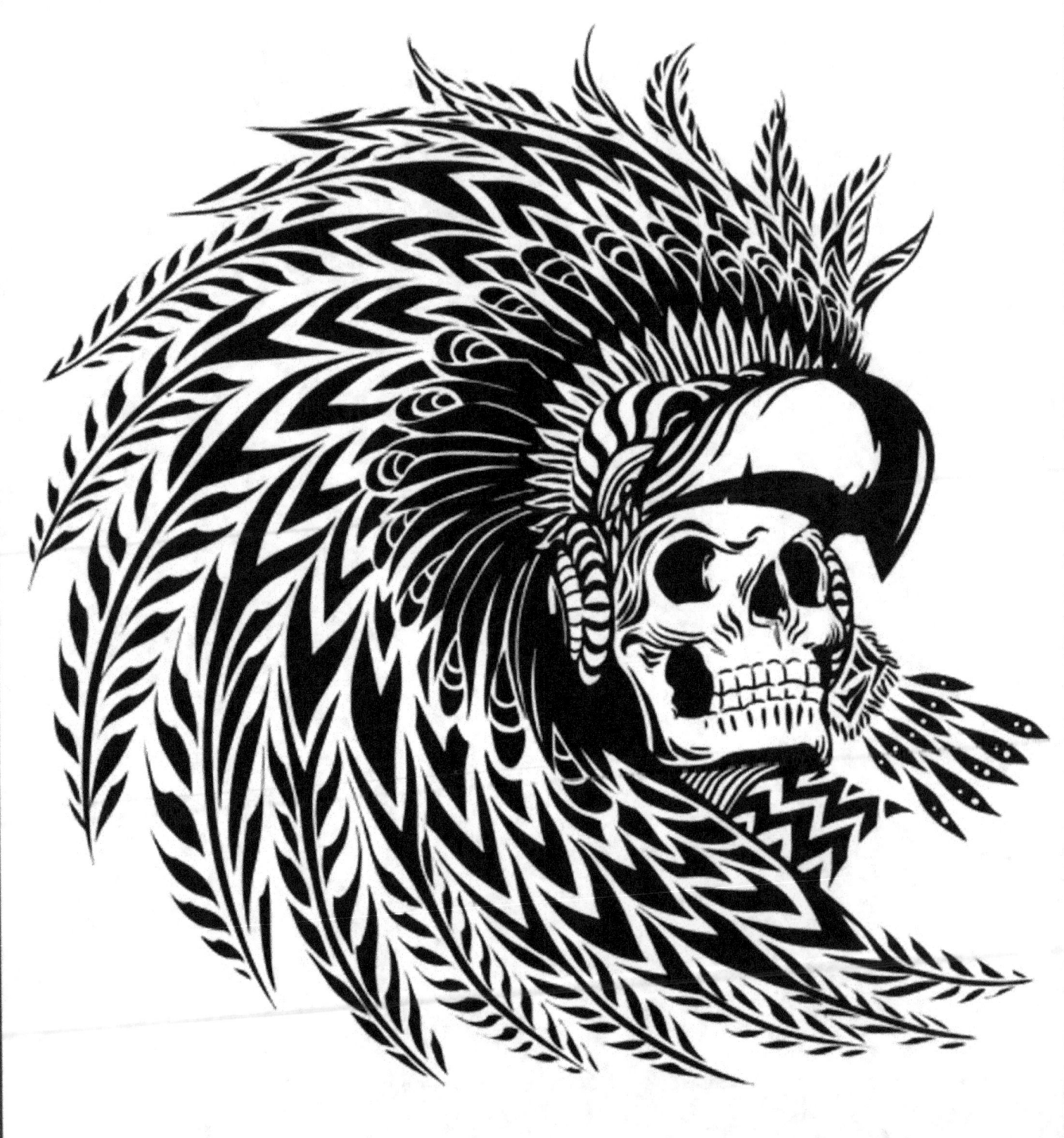

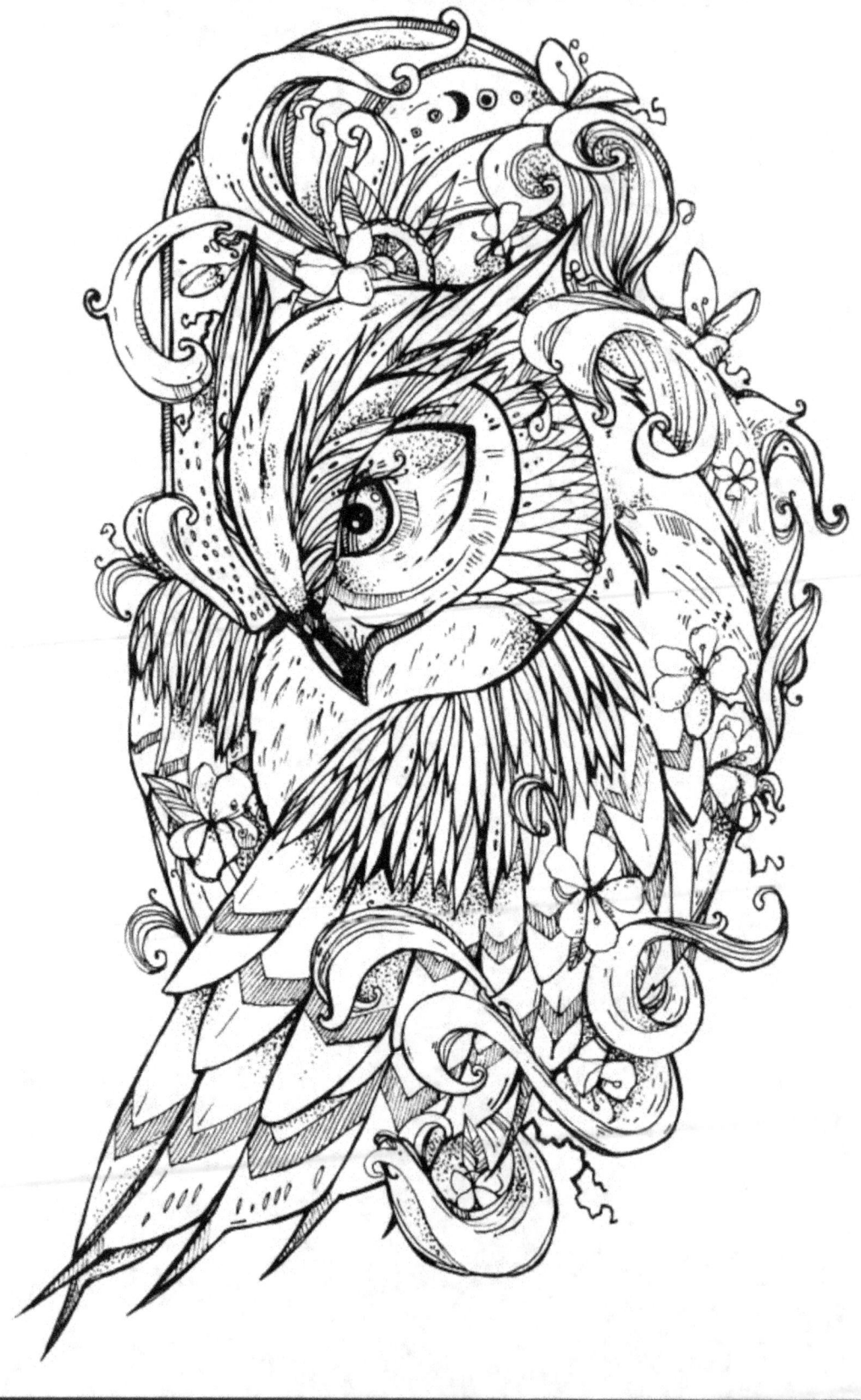

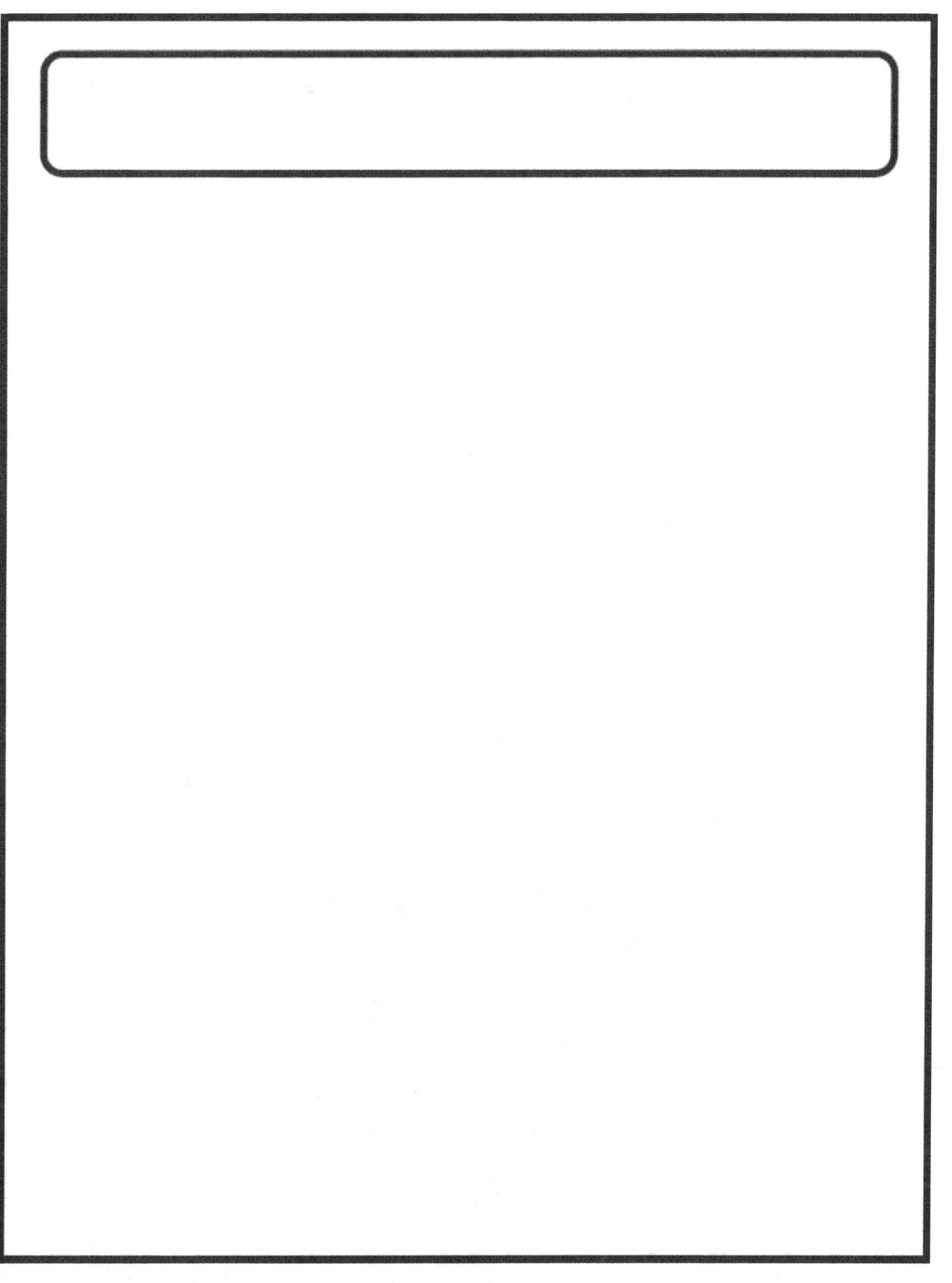

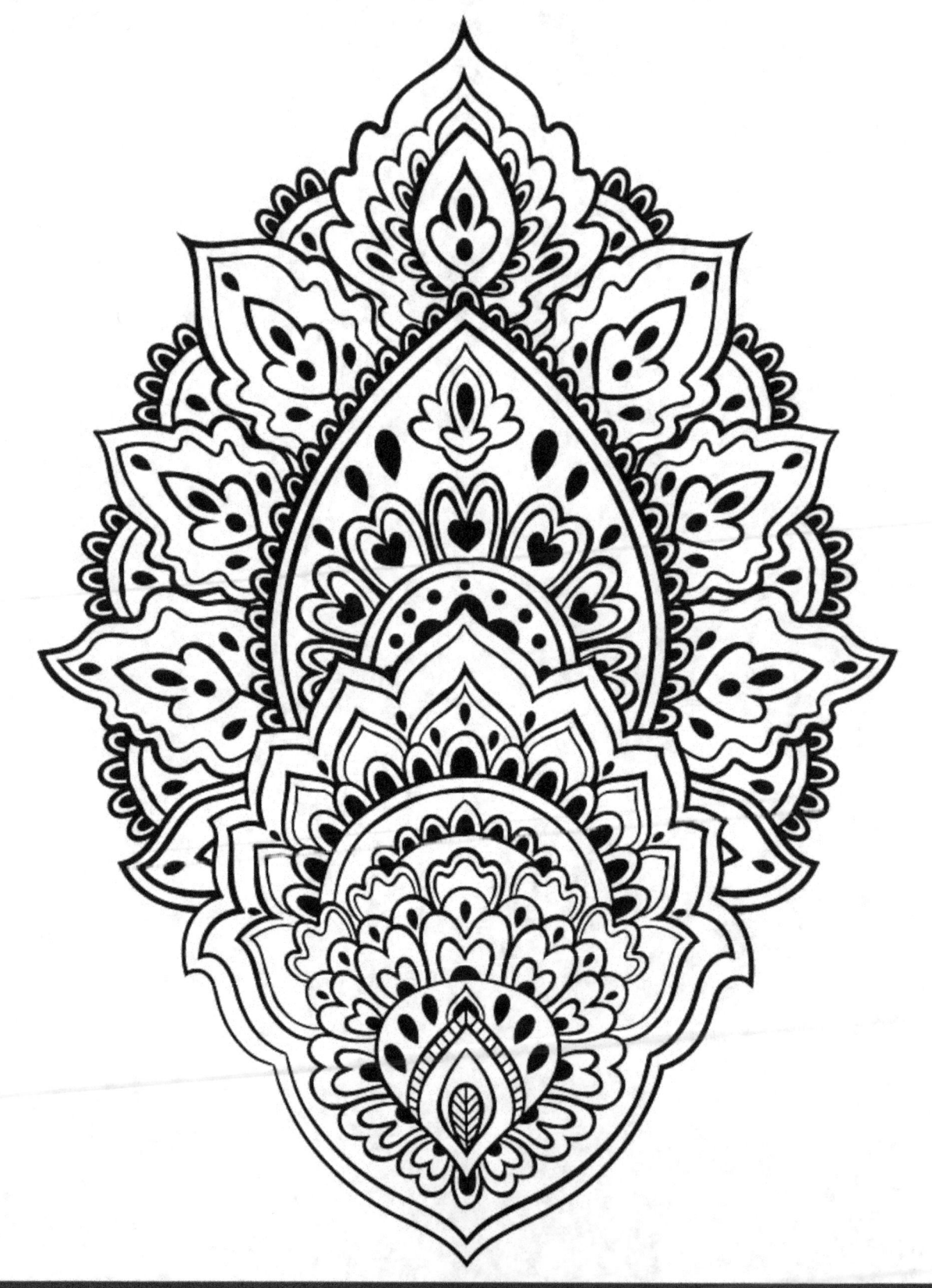

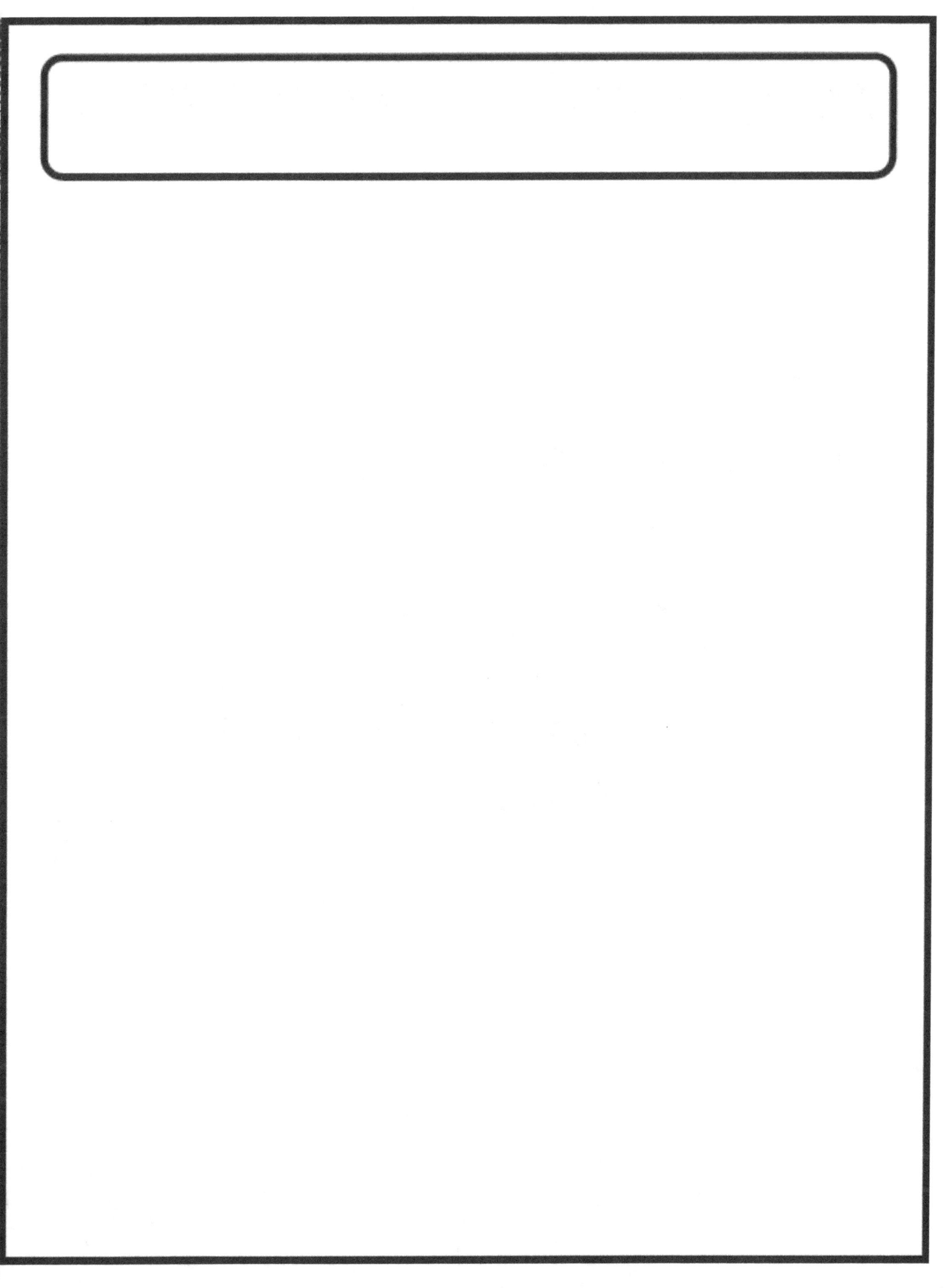

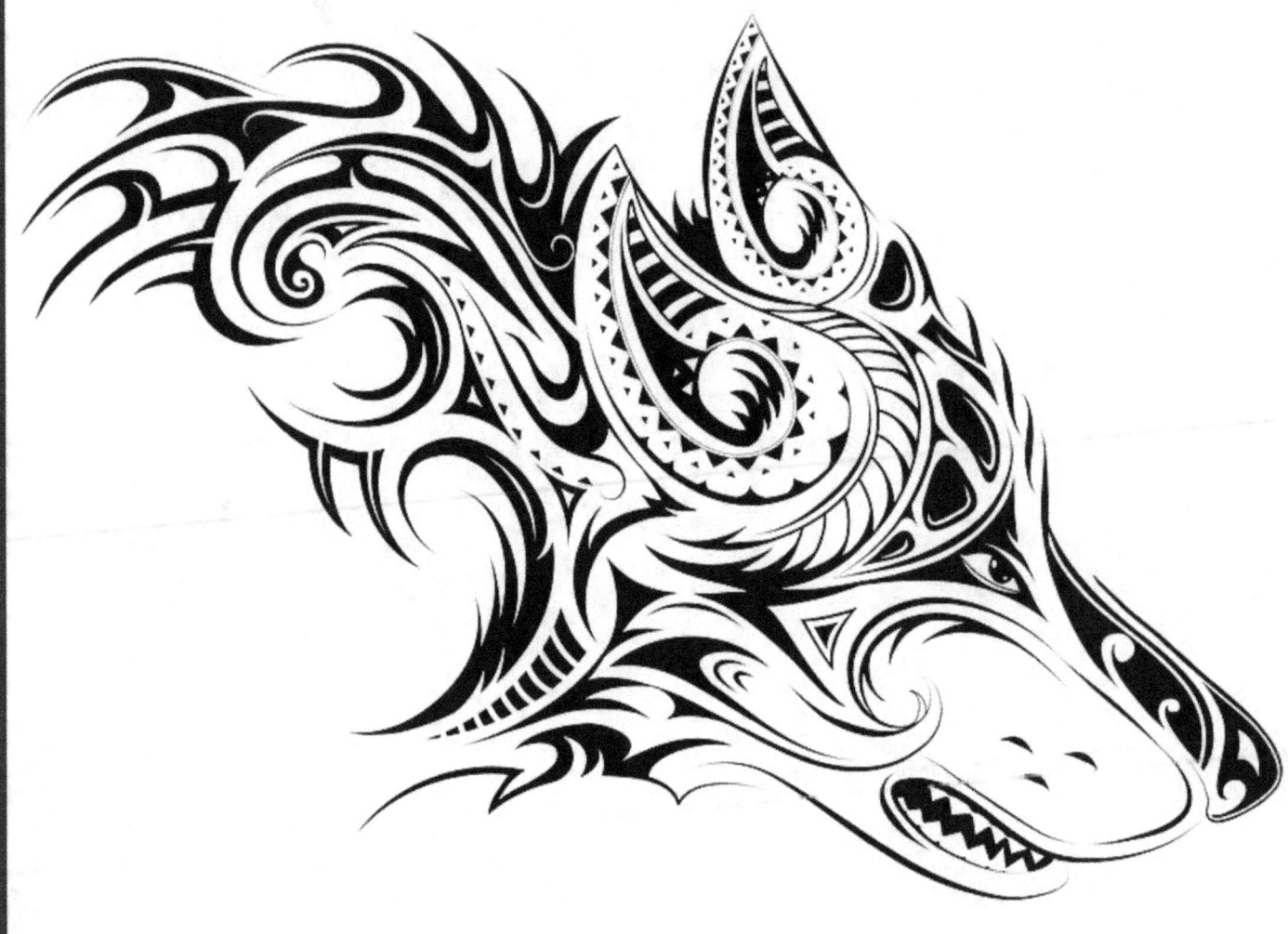

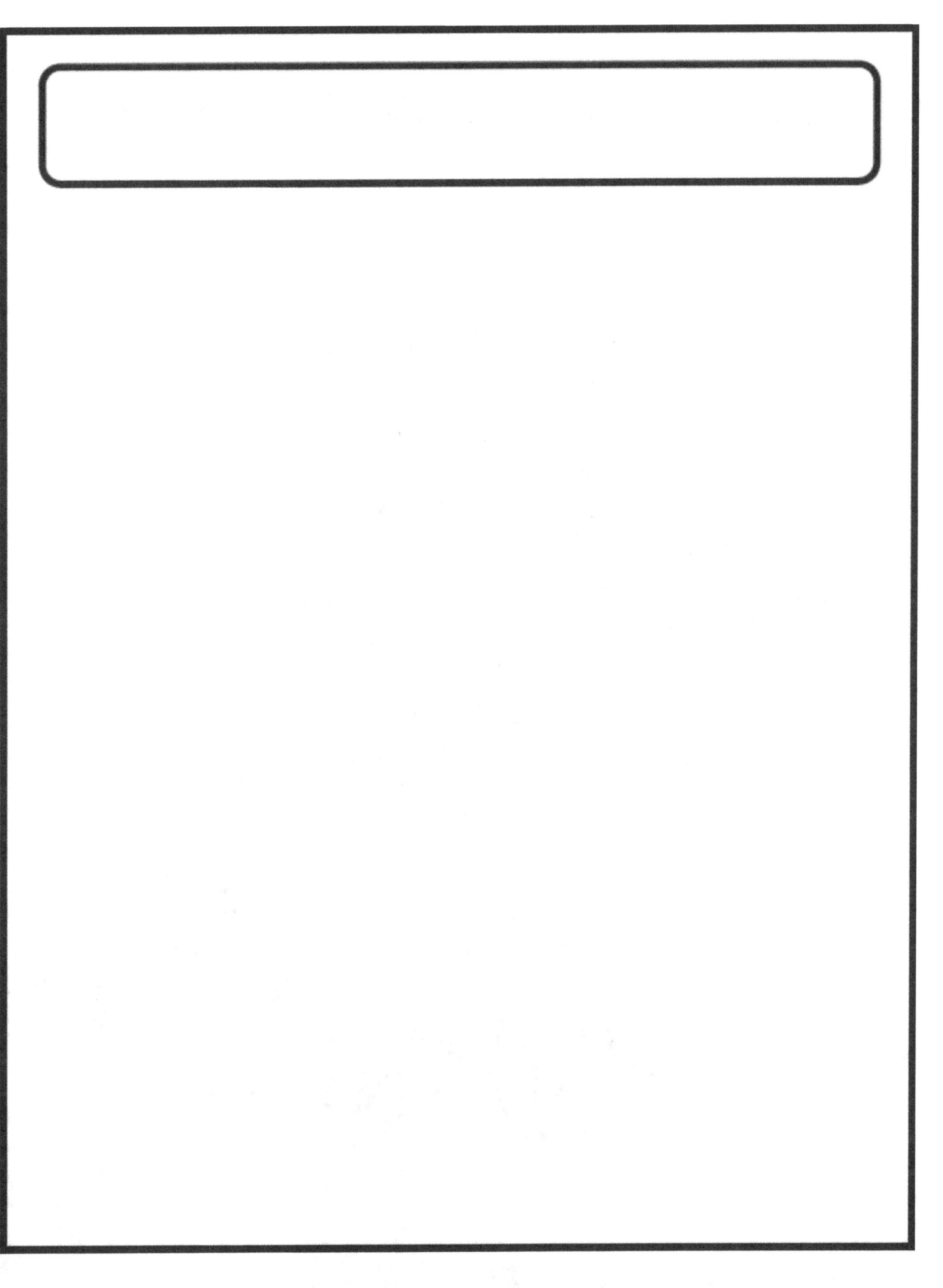

TATUAJE MIXTO LIBRO DE COLOREAR

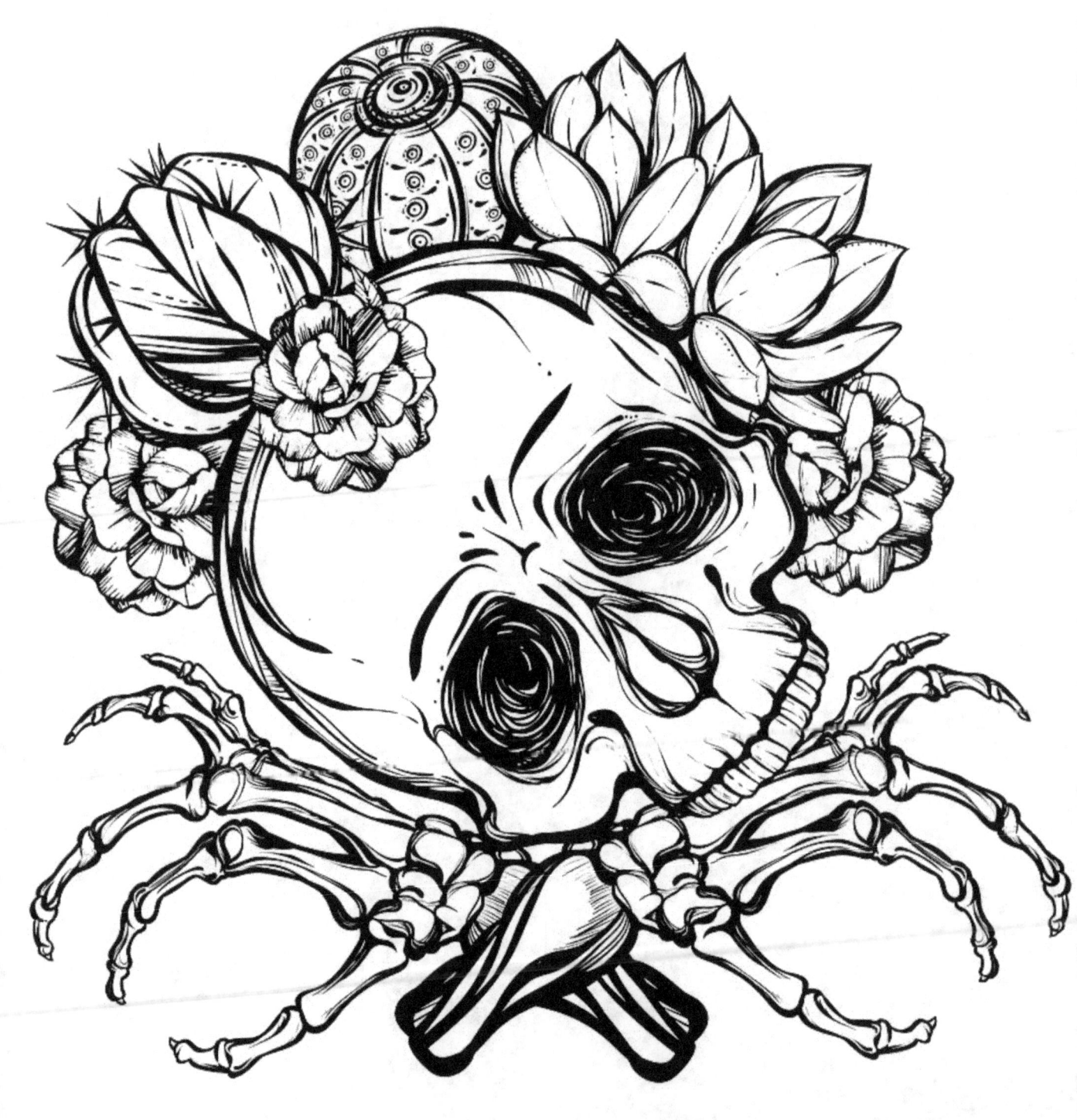

TATUAJE MIXTO LIBRO DE COLOREAR

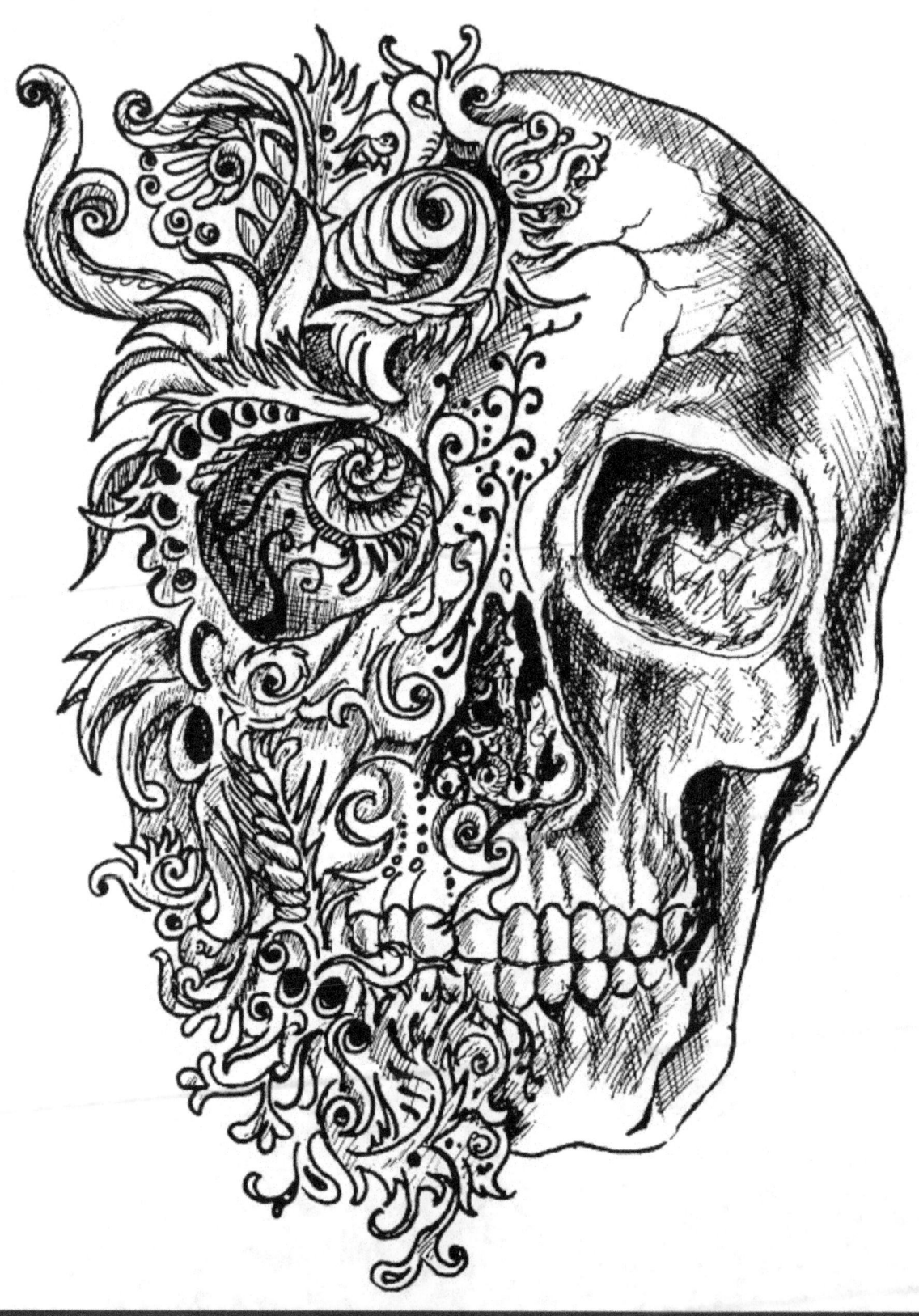

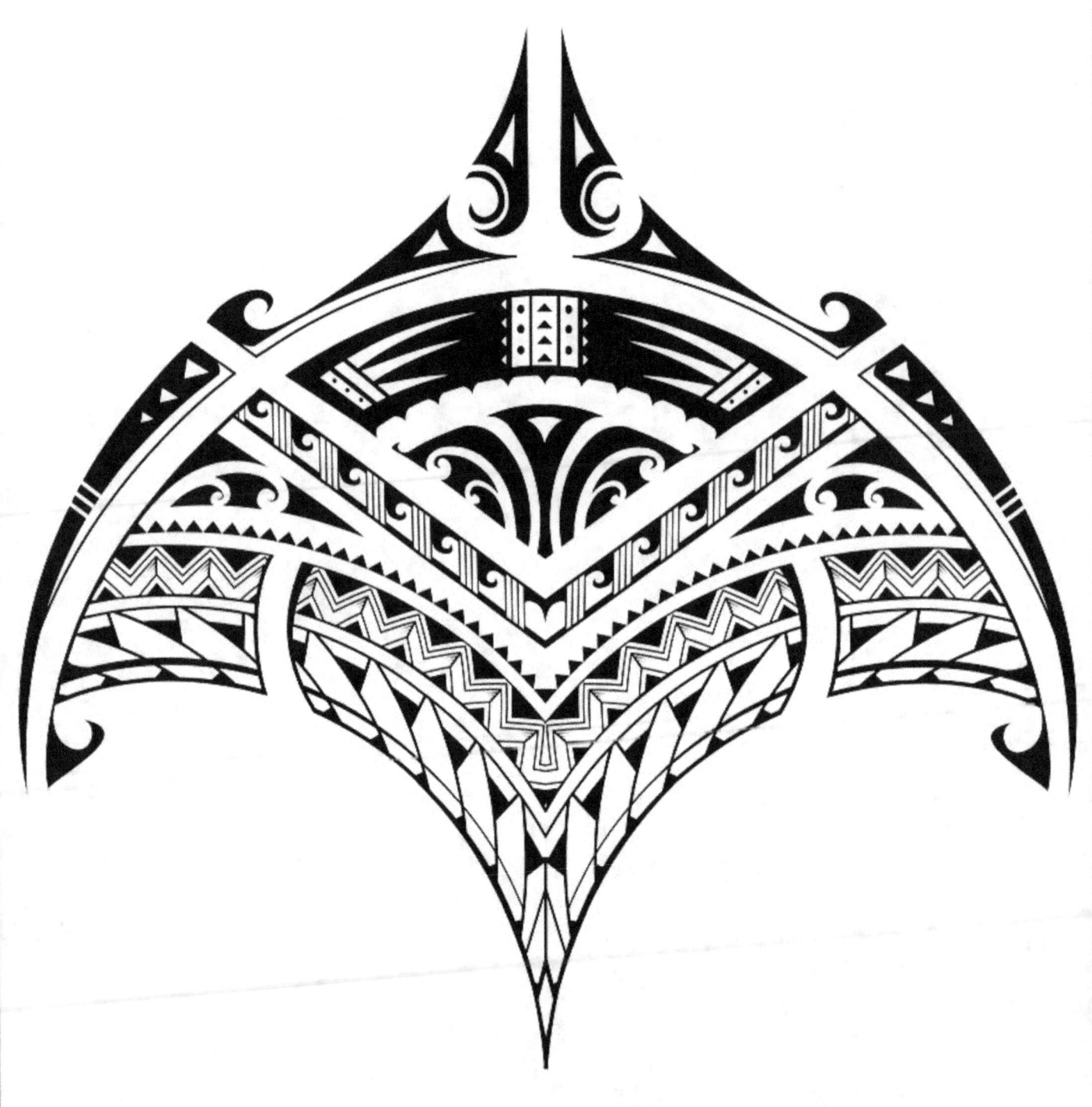

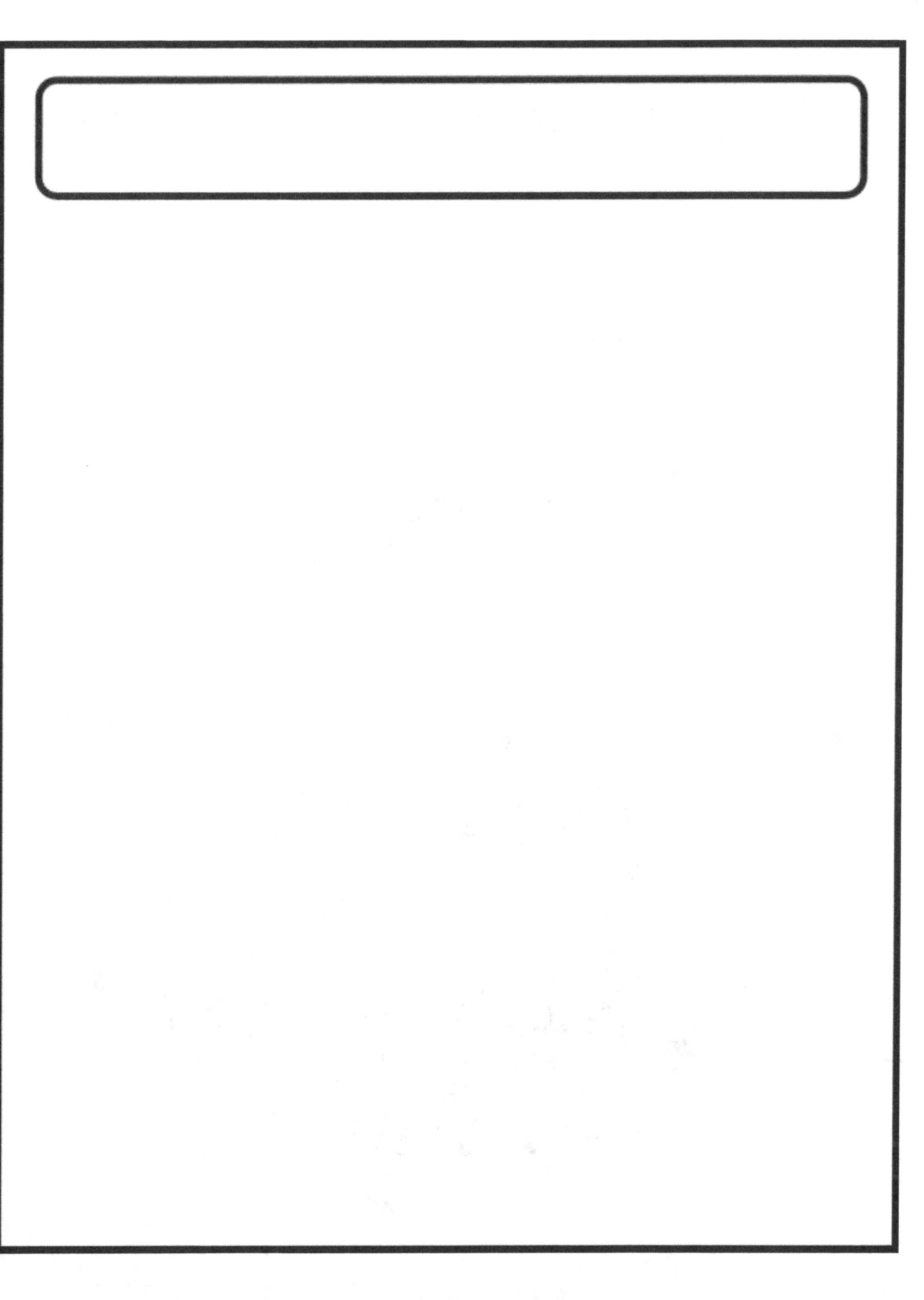

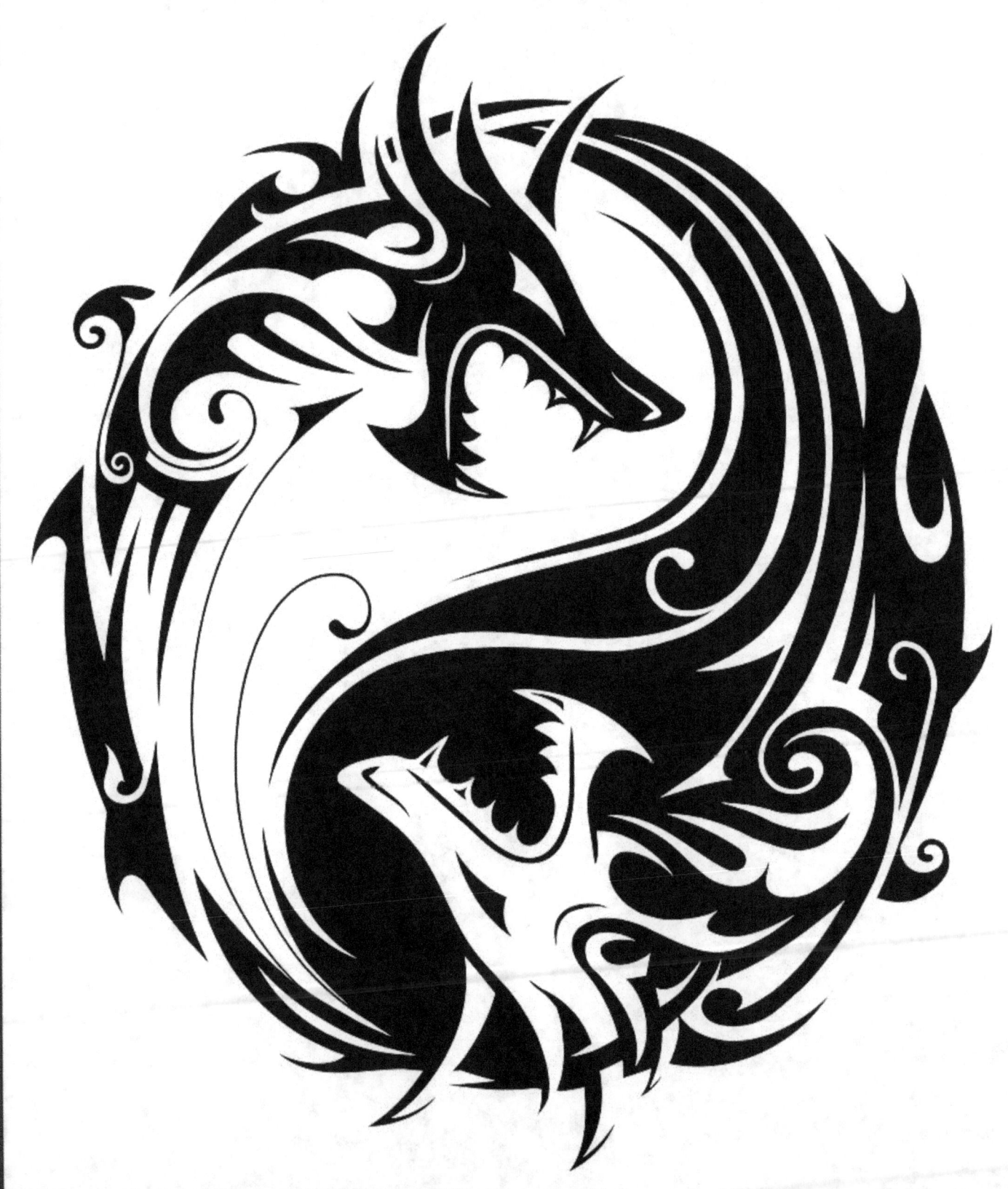

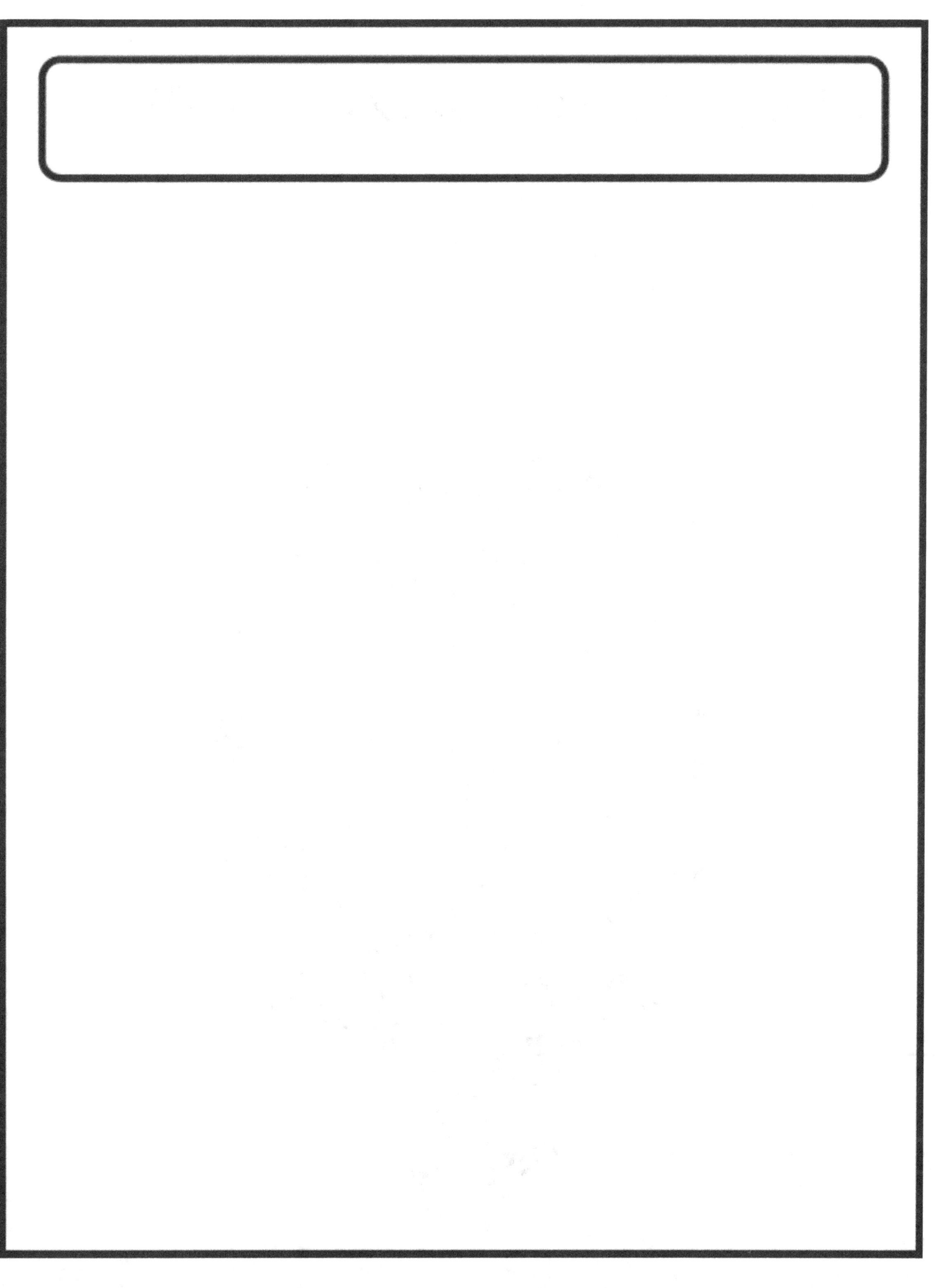

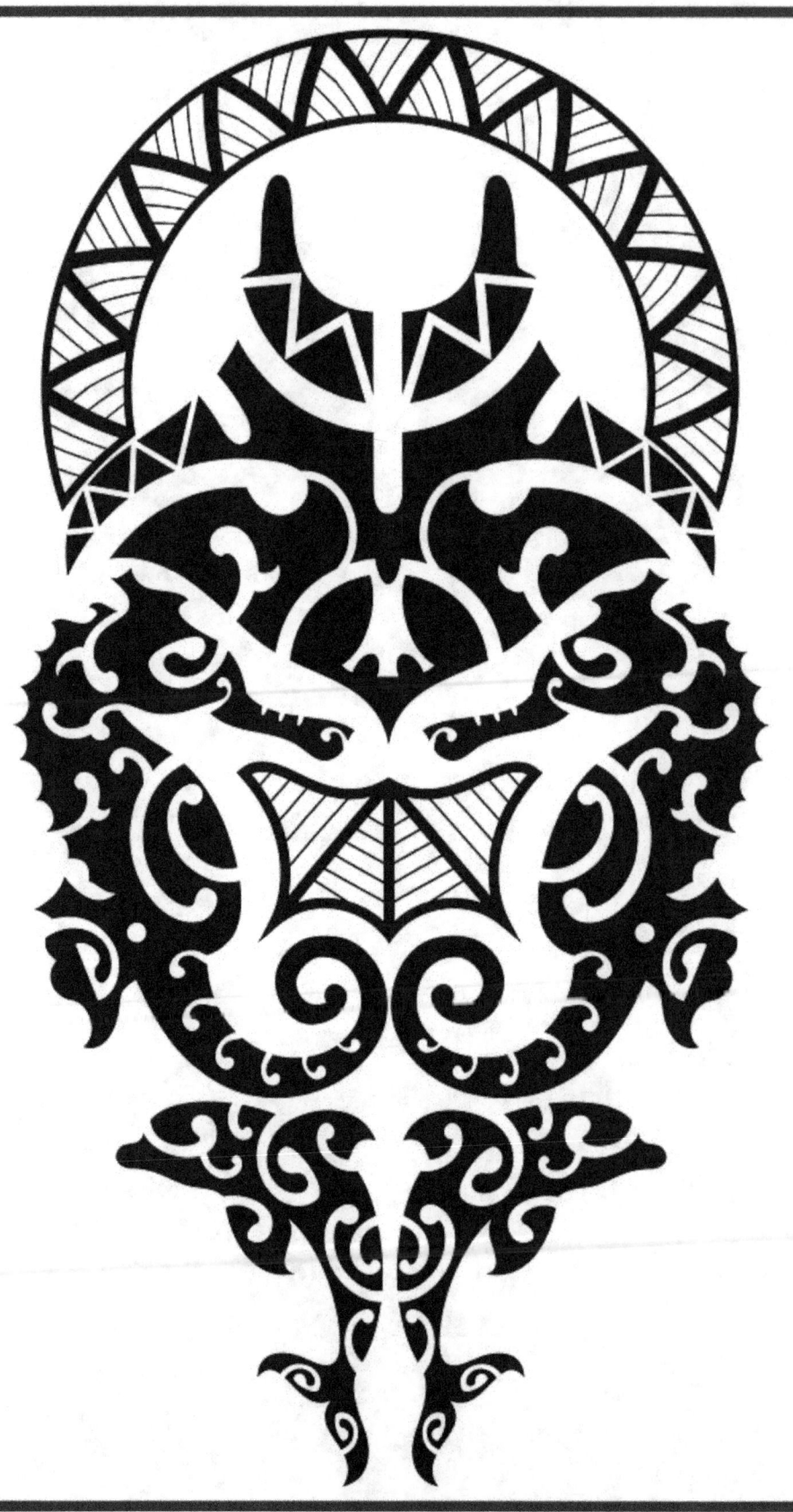

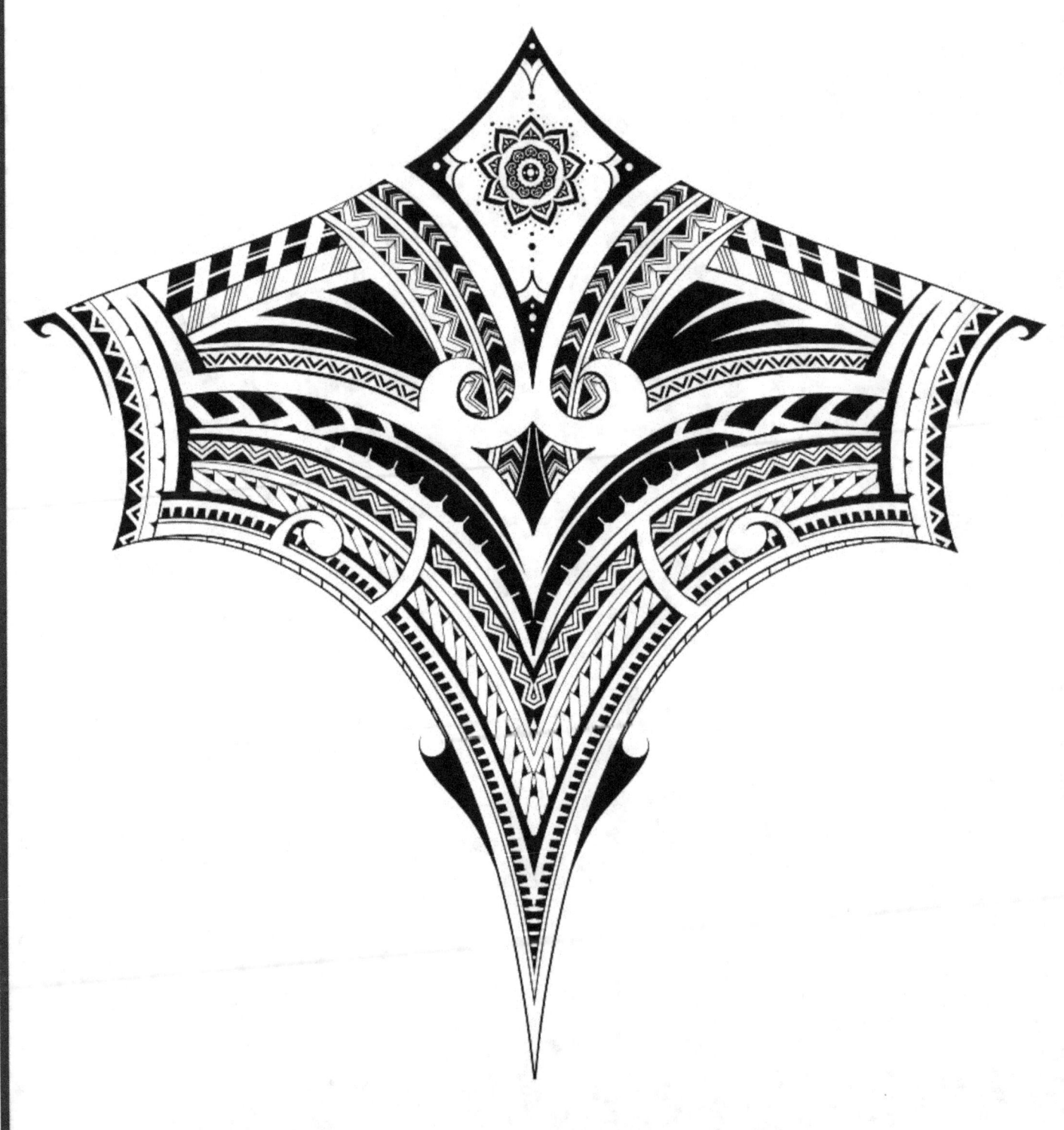

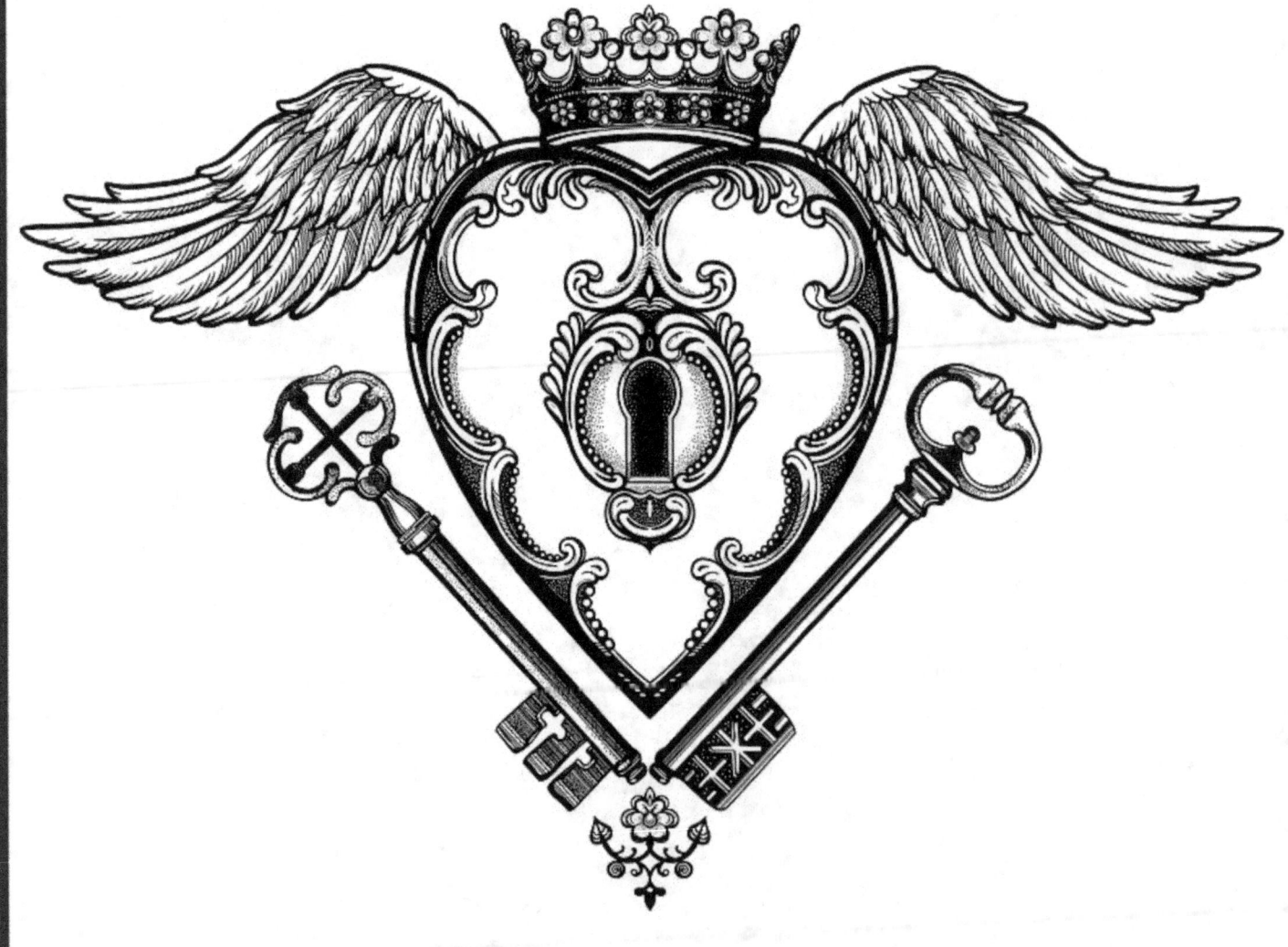

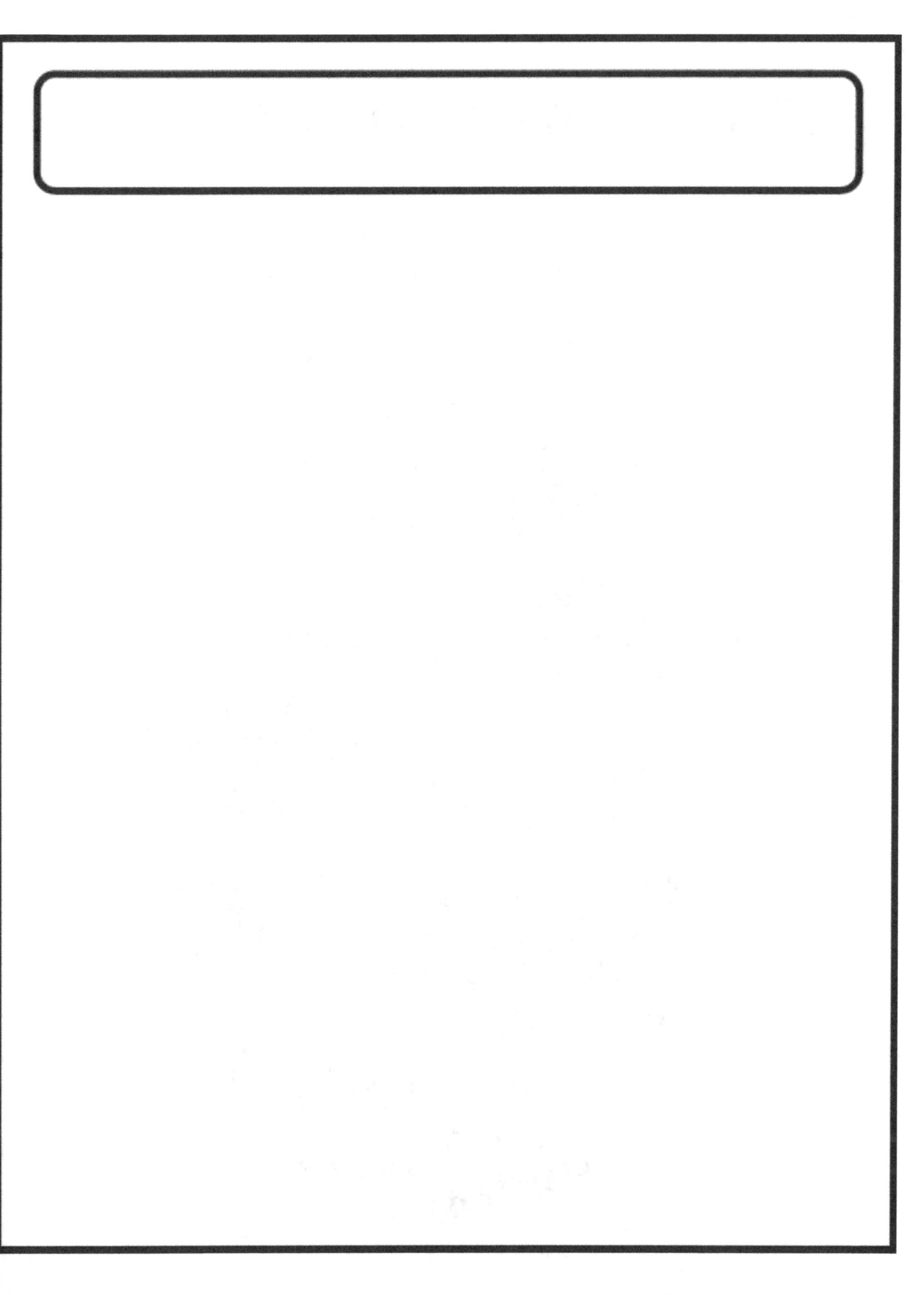

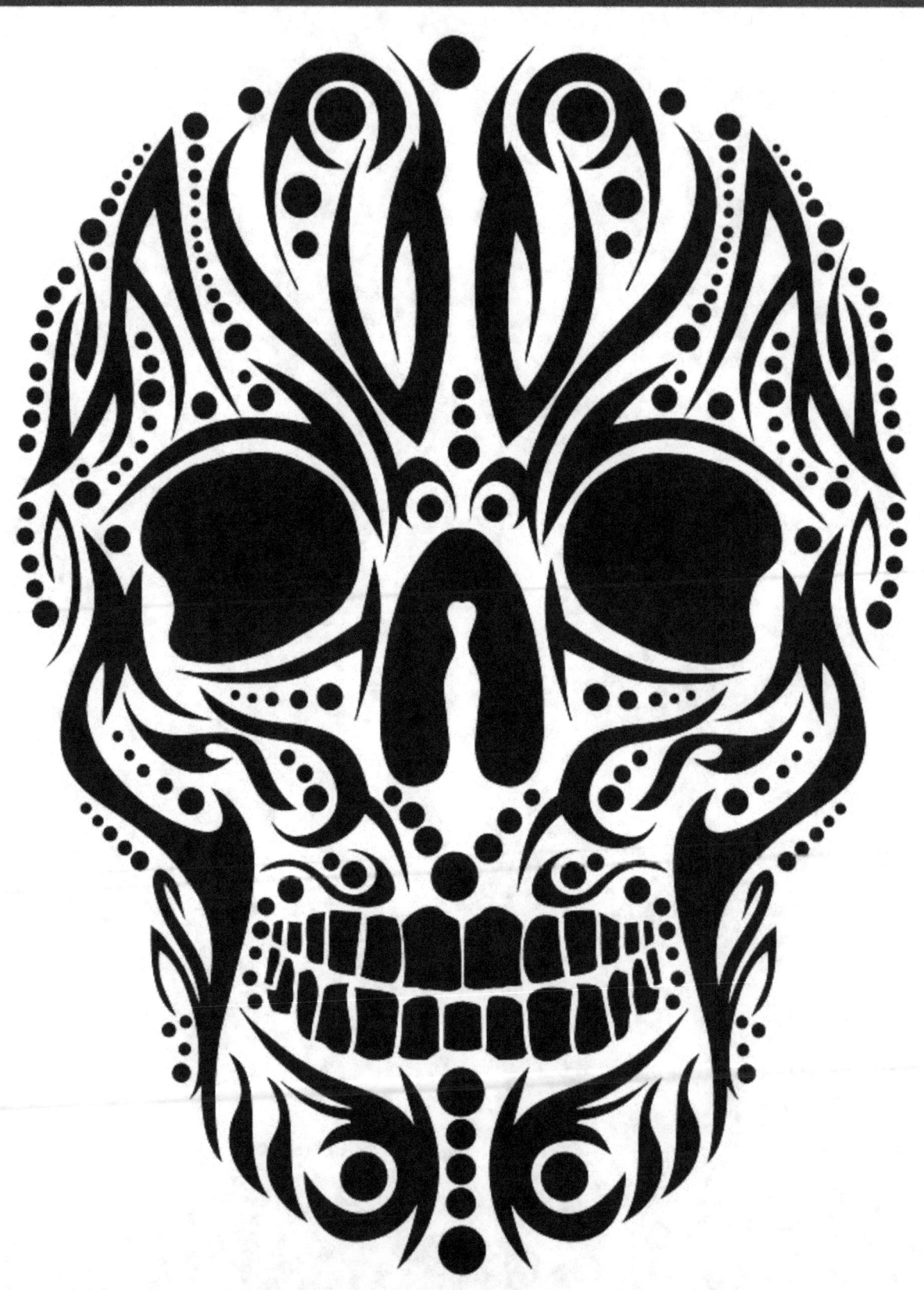

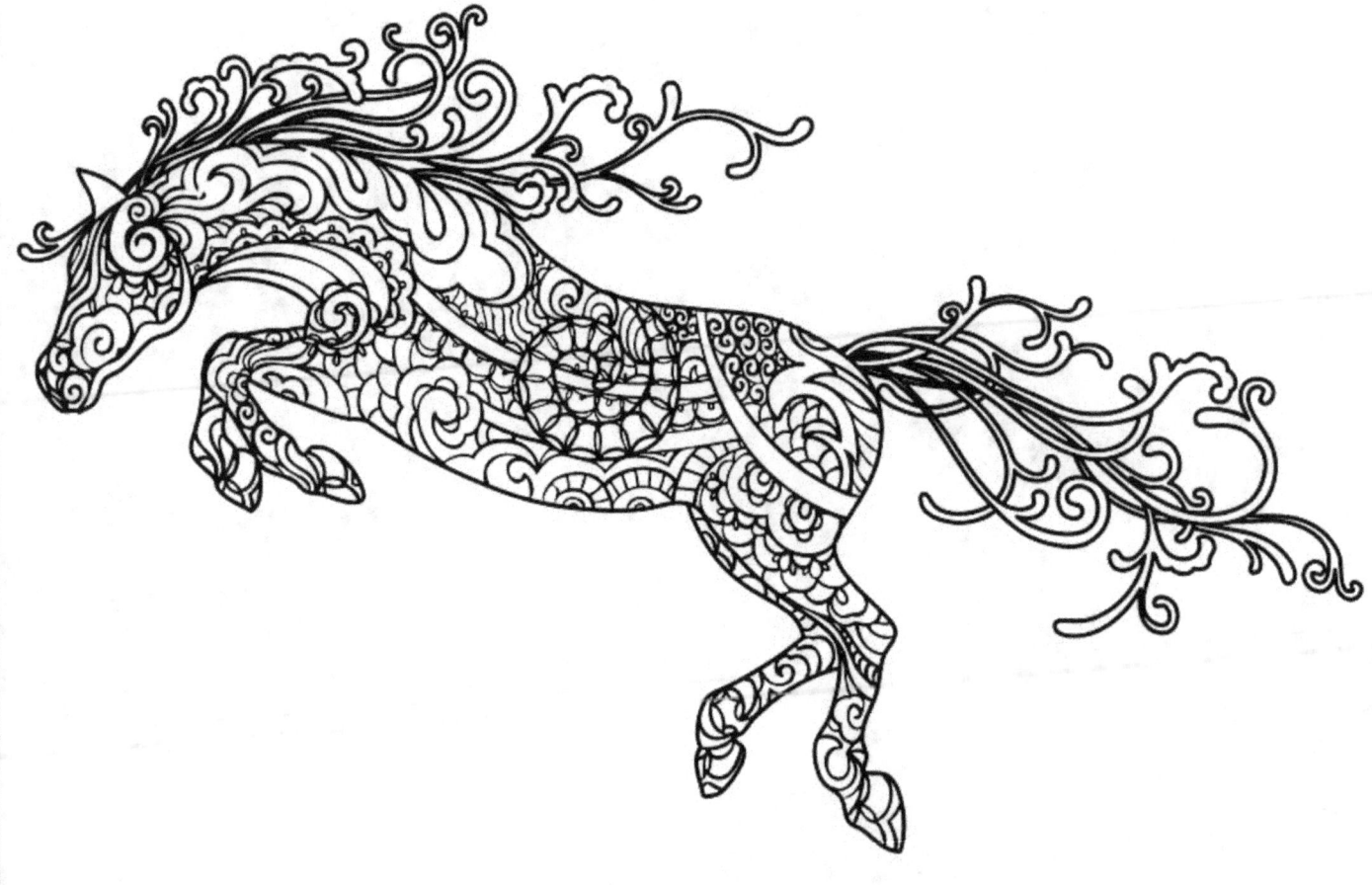

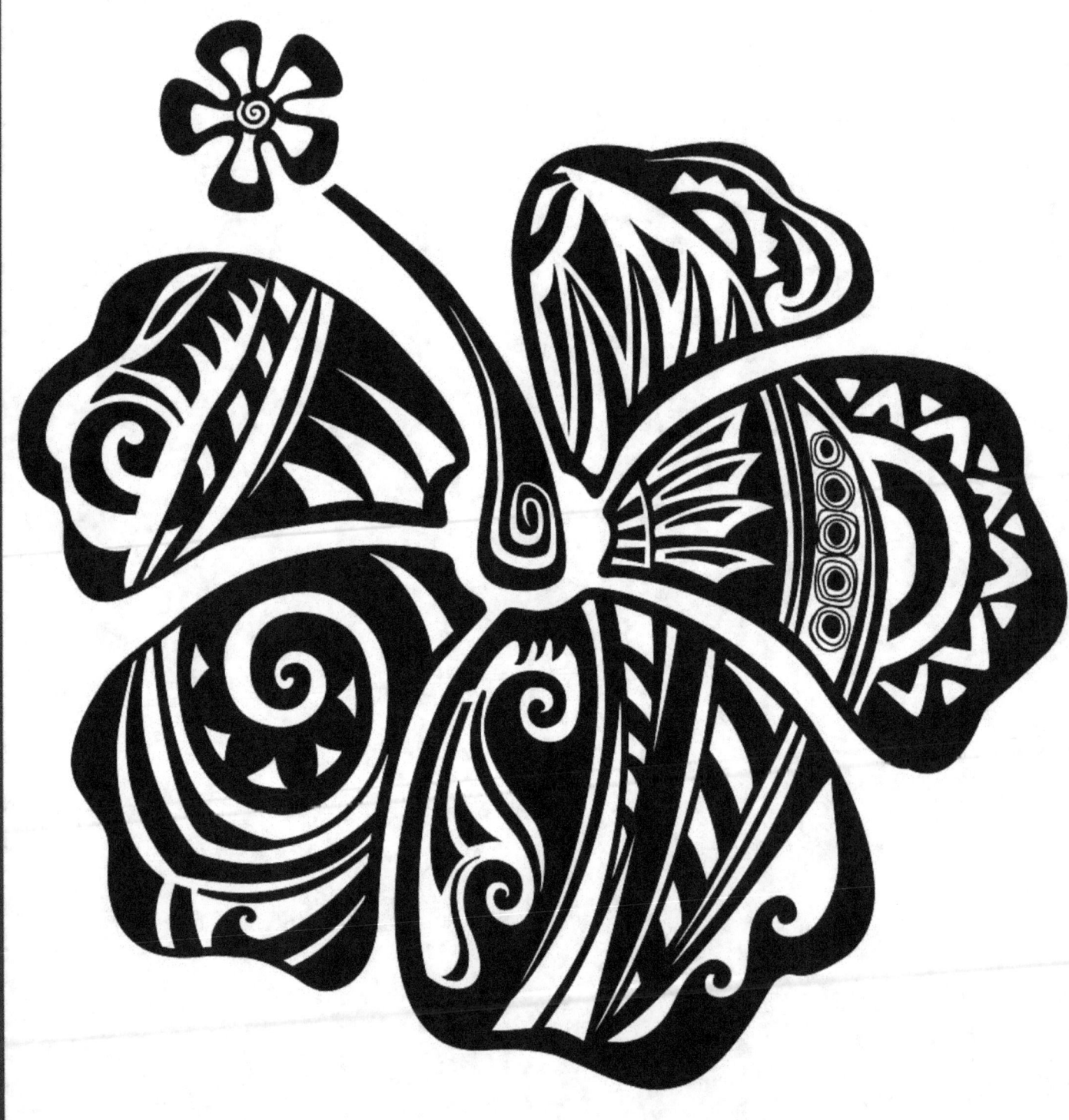

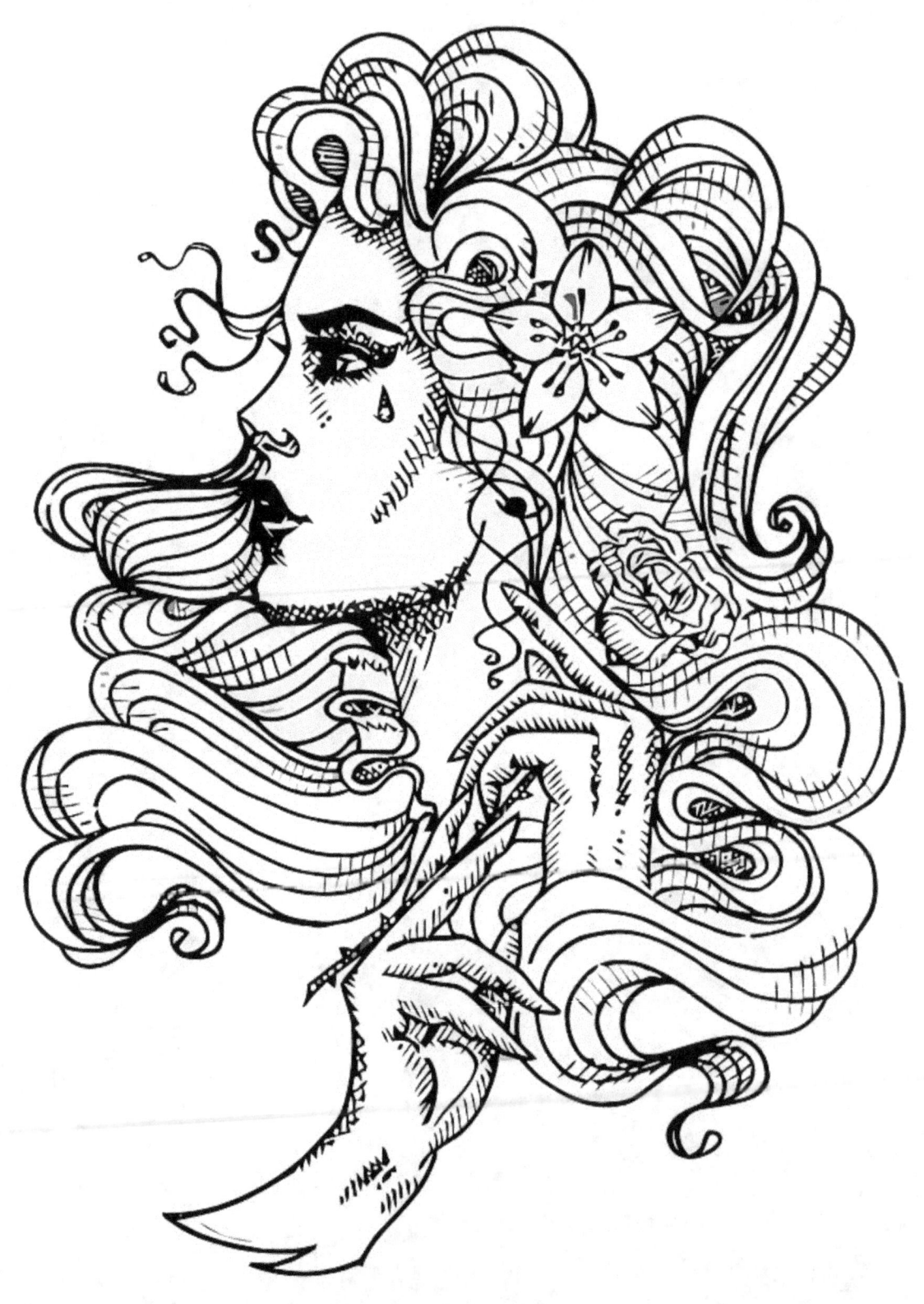

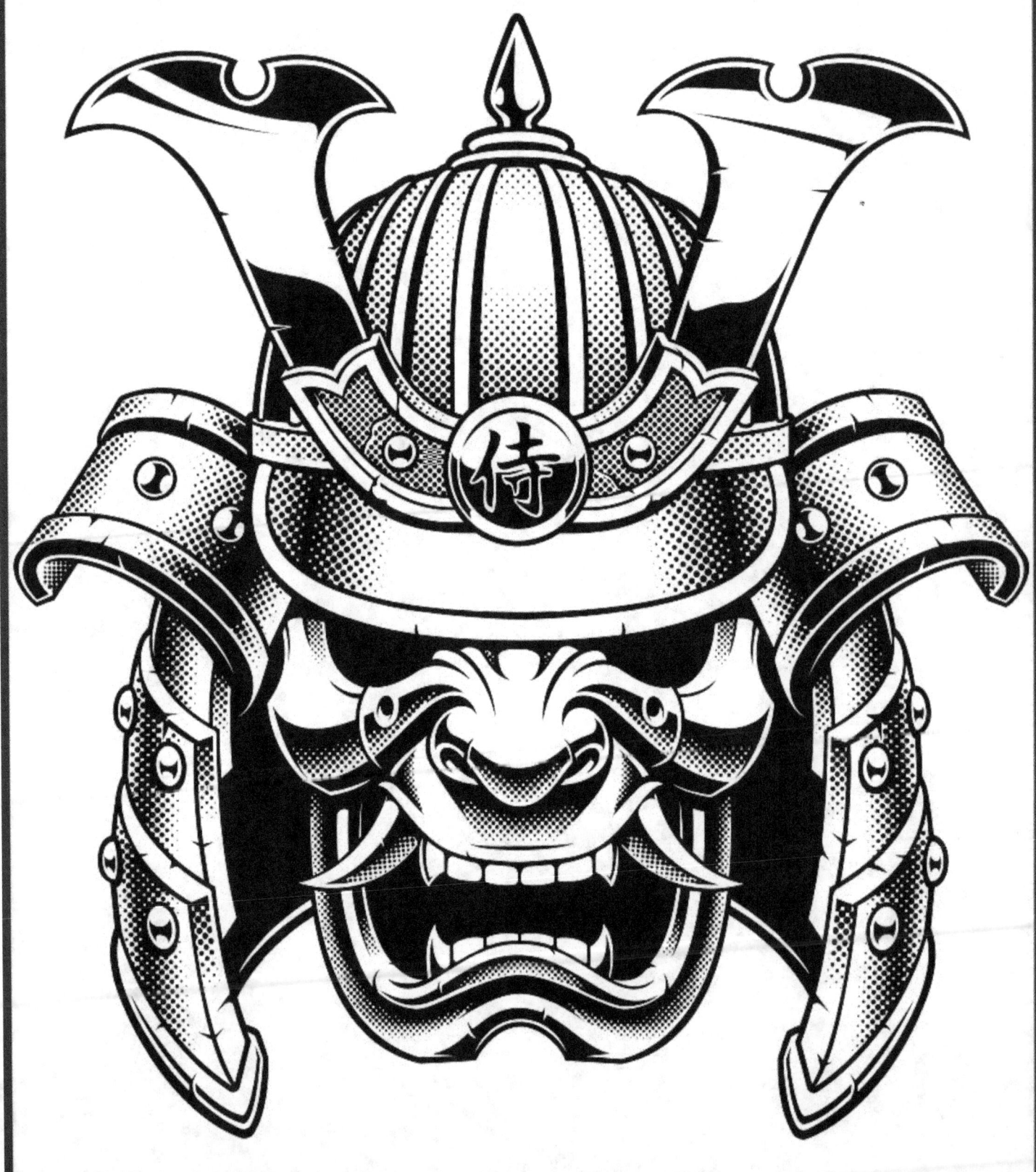

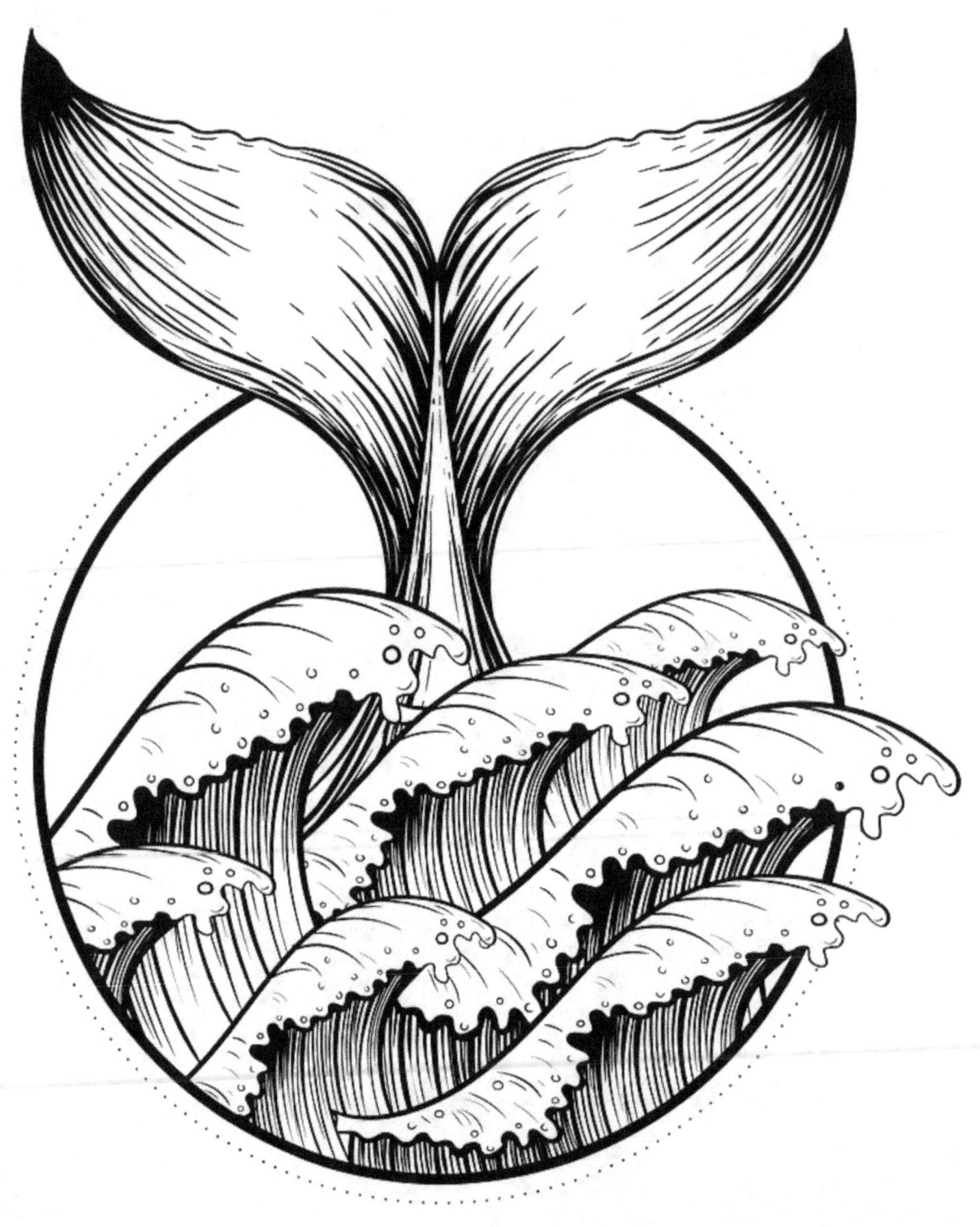

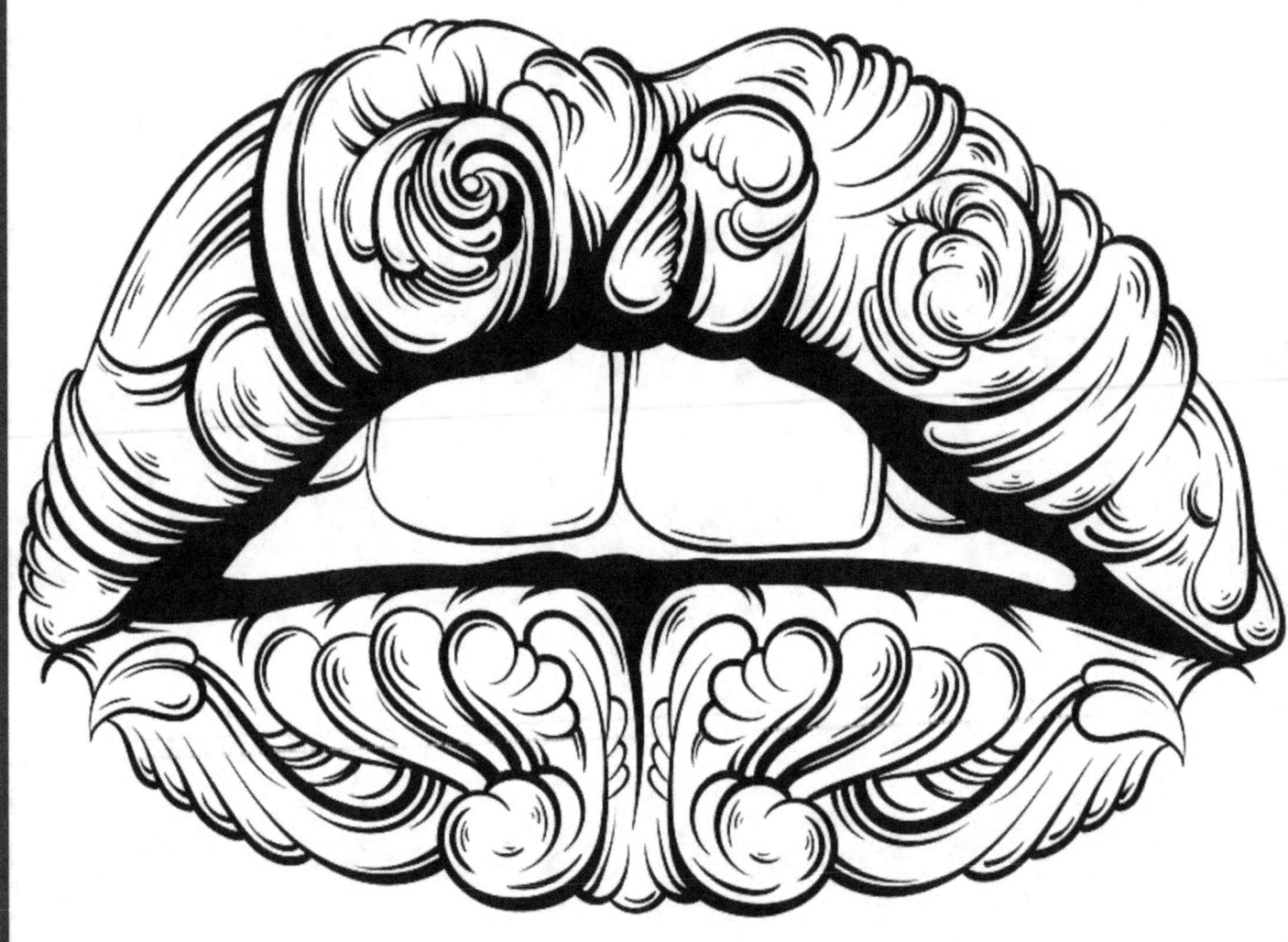

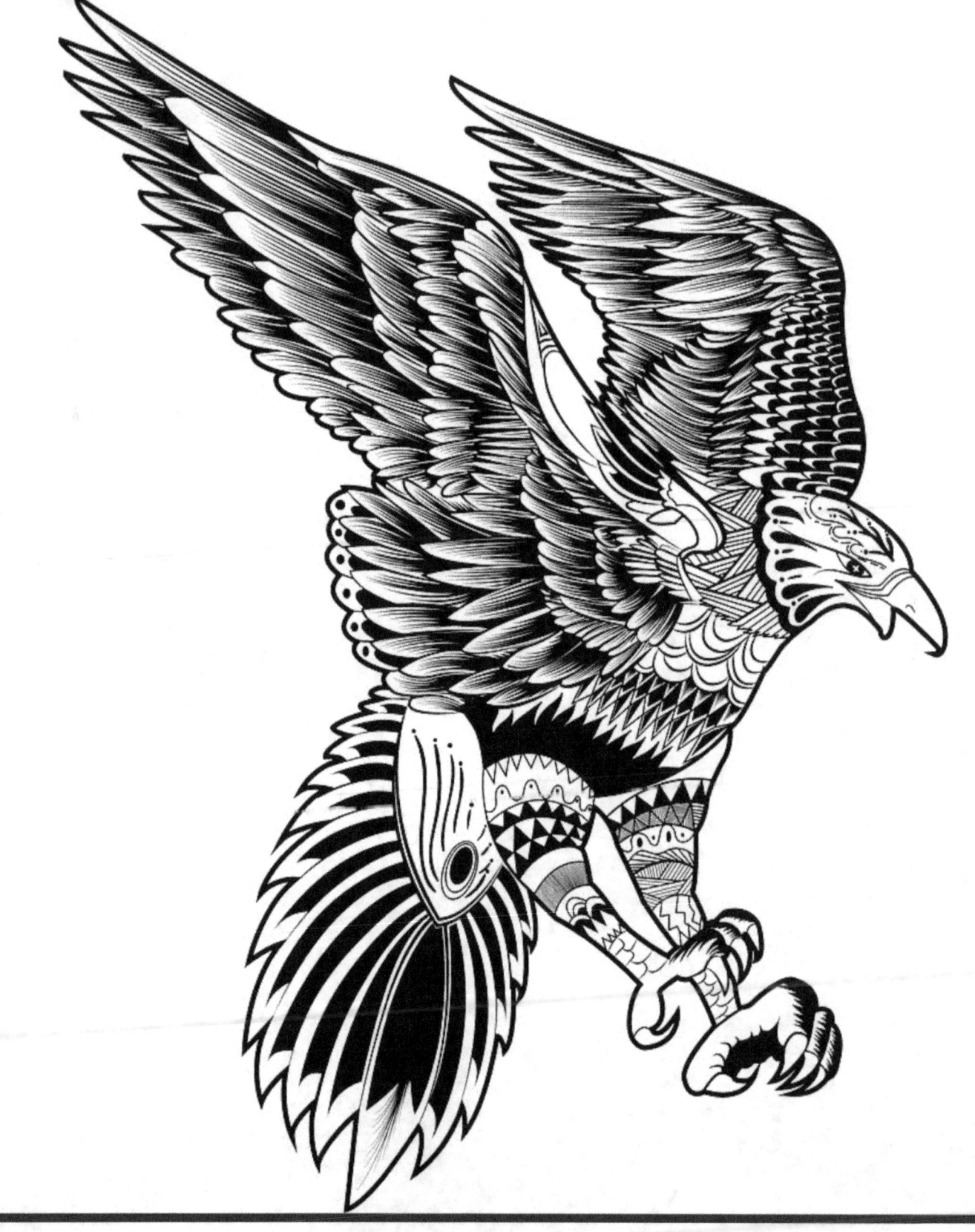

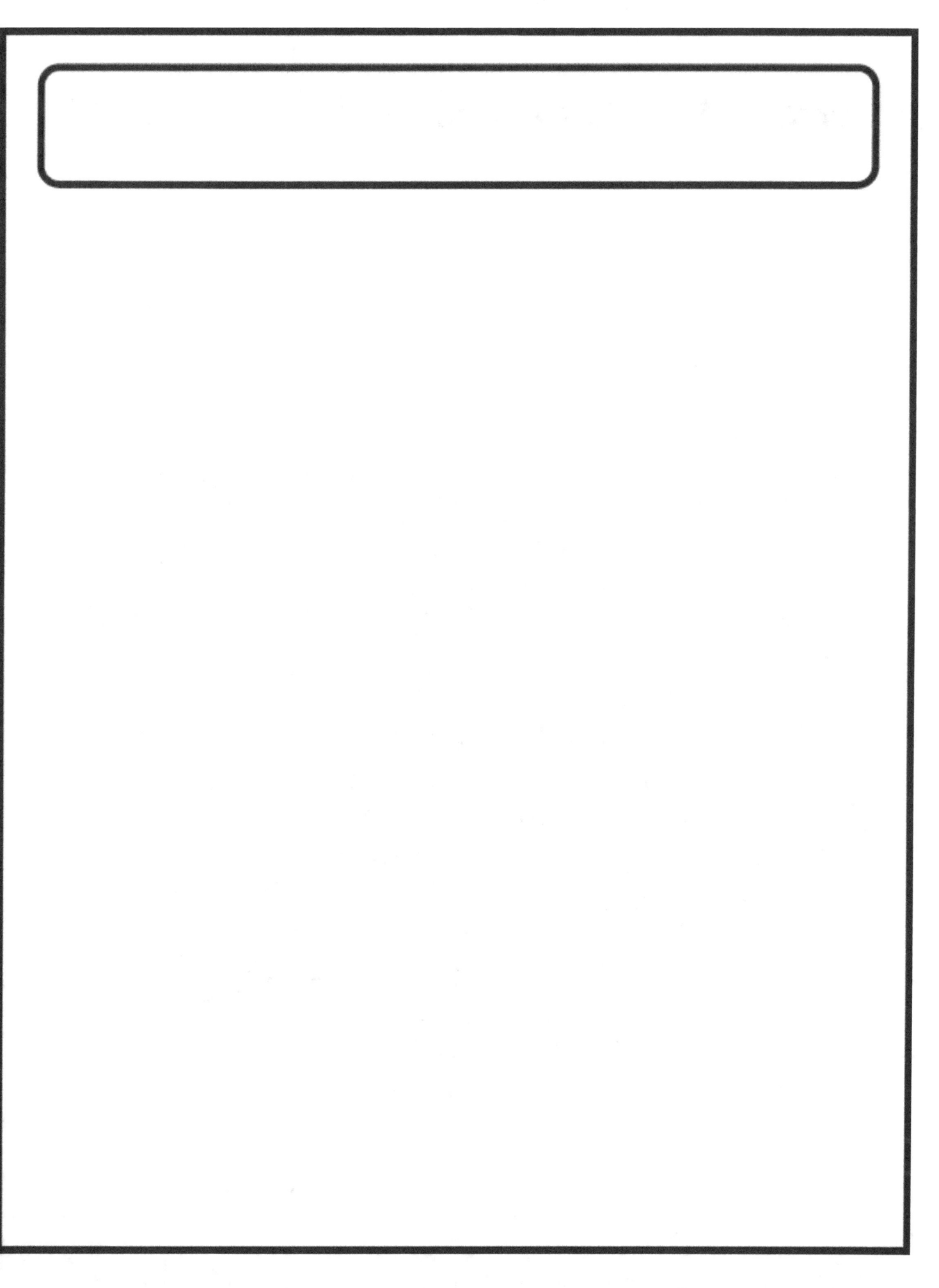

TATUAJE MIXTO LIBRO DE COLOREAR

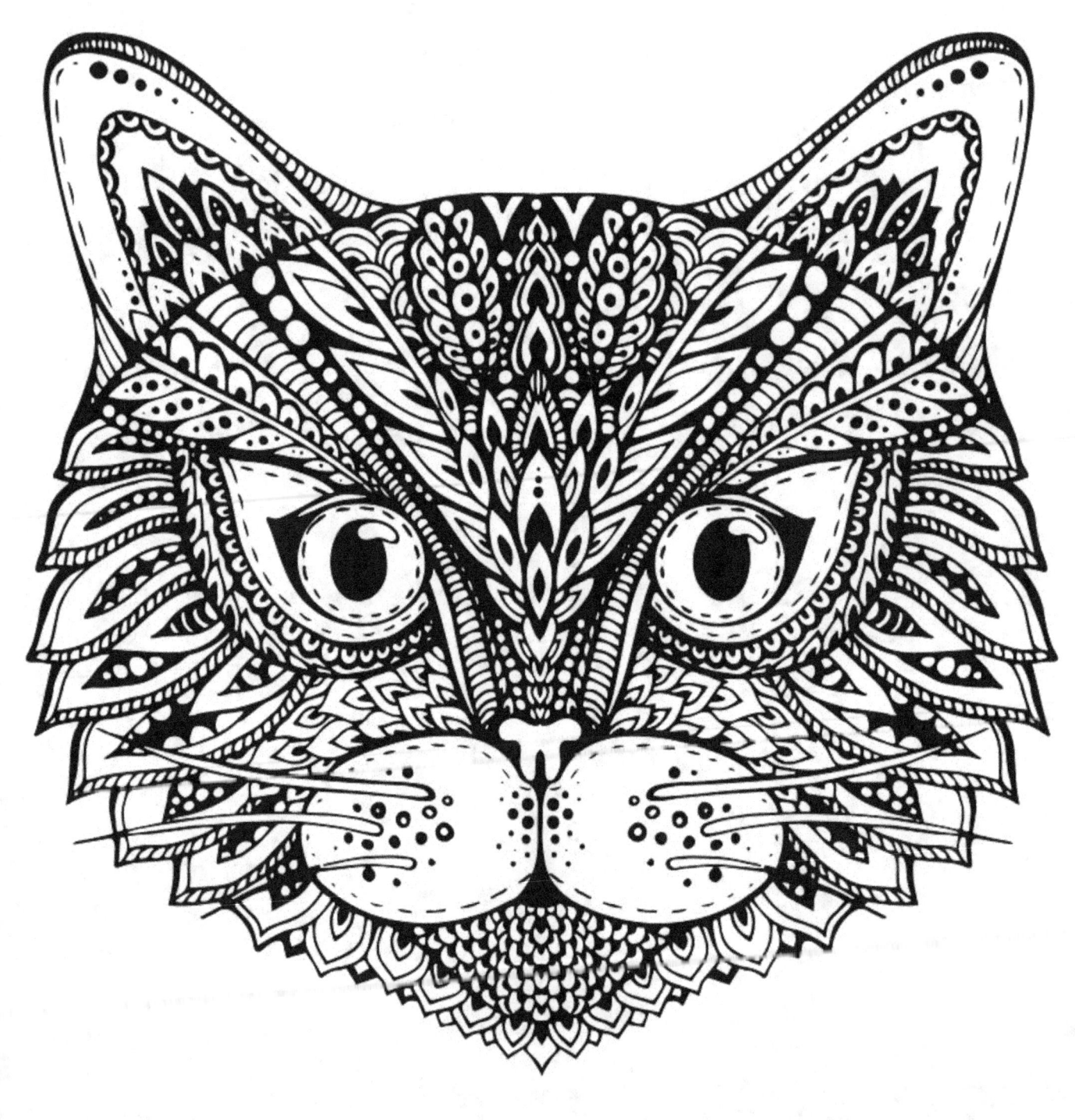

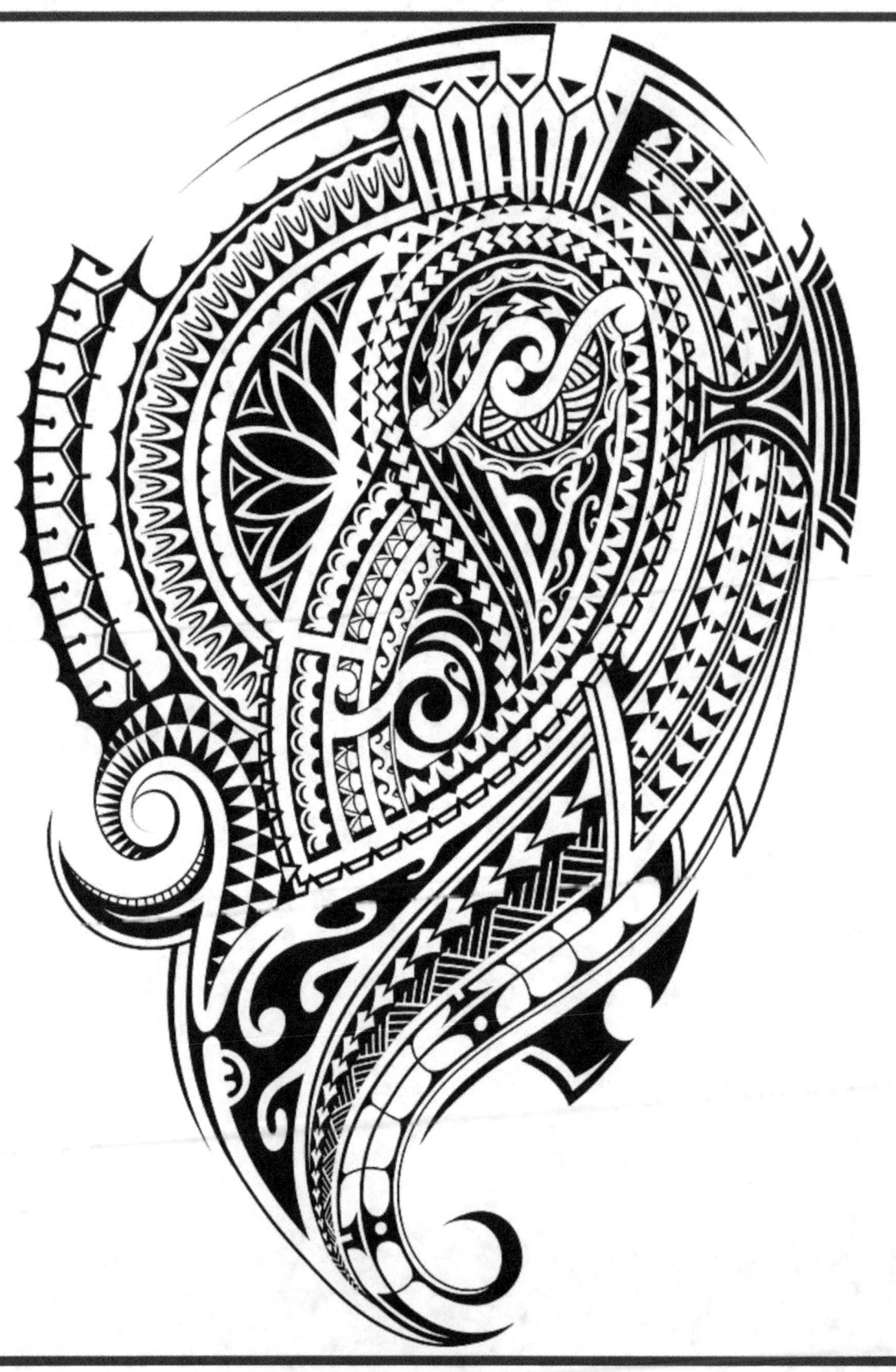

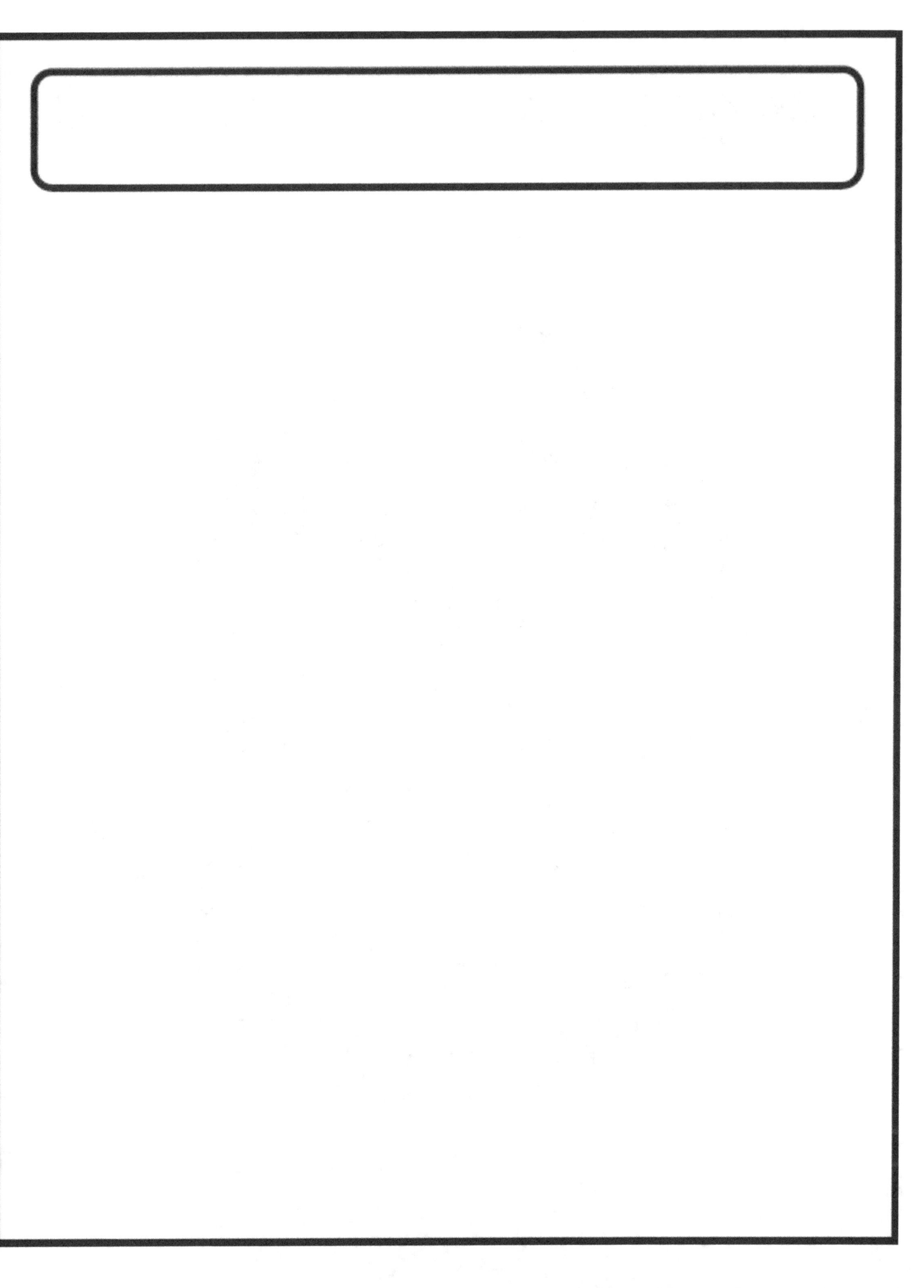

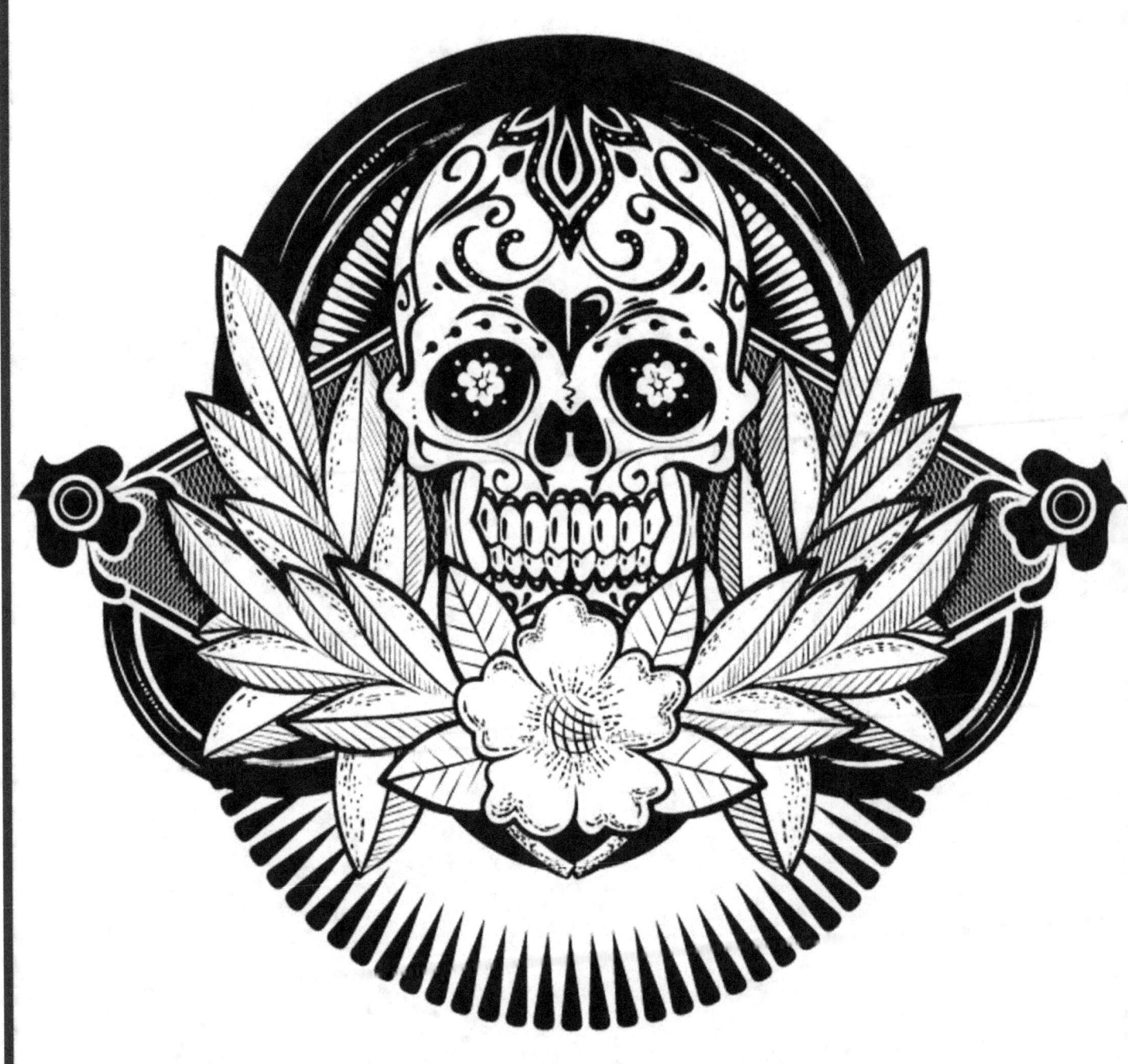

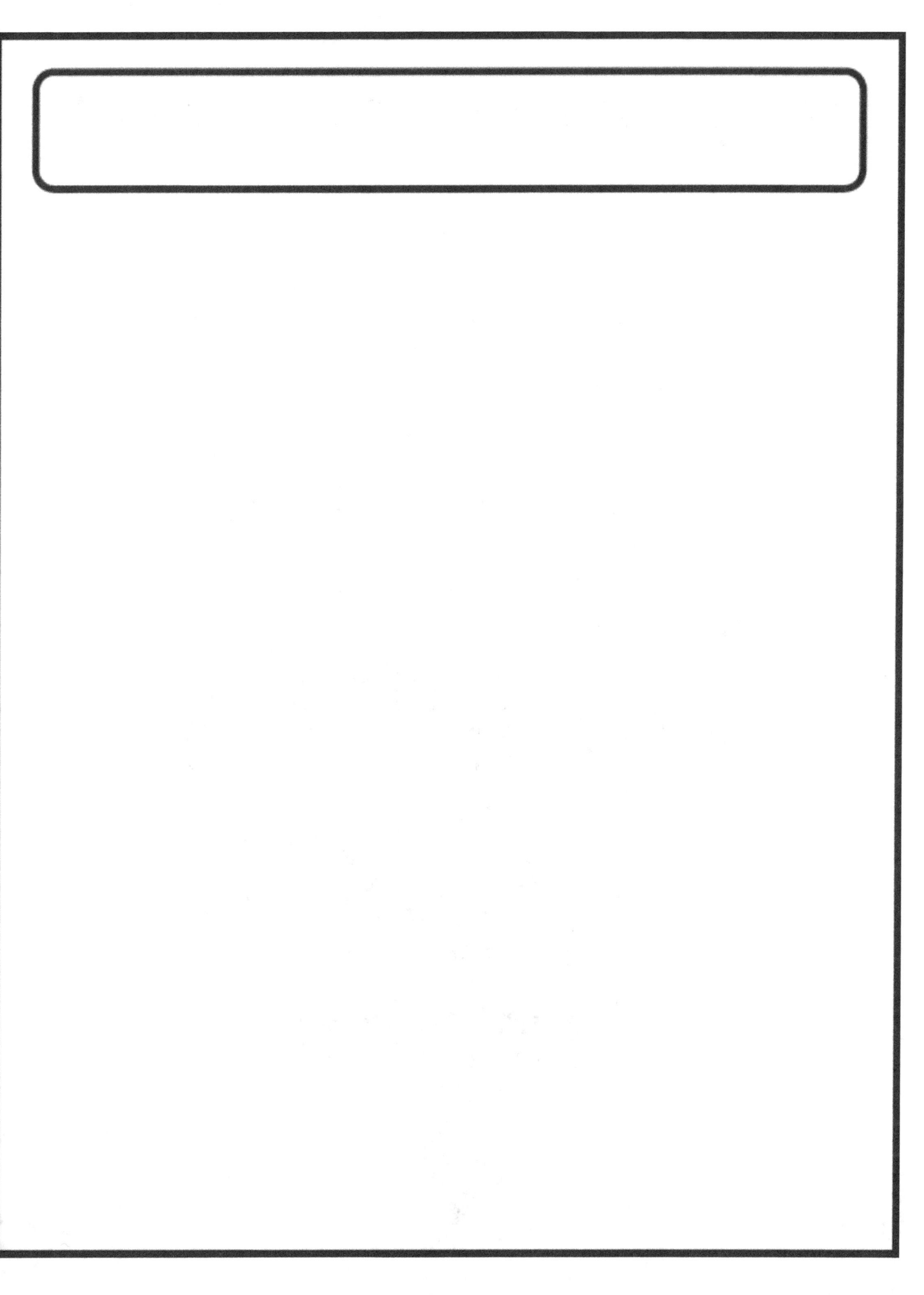

TATUAJE MIXTO LIBRO DE COLOREAR

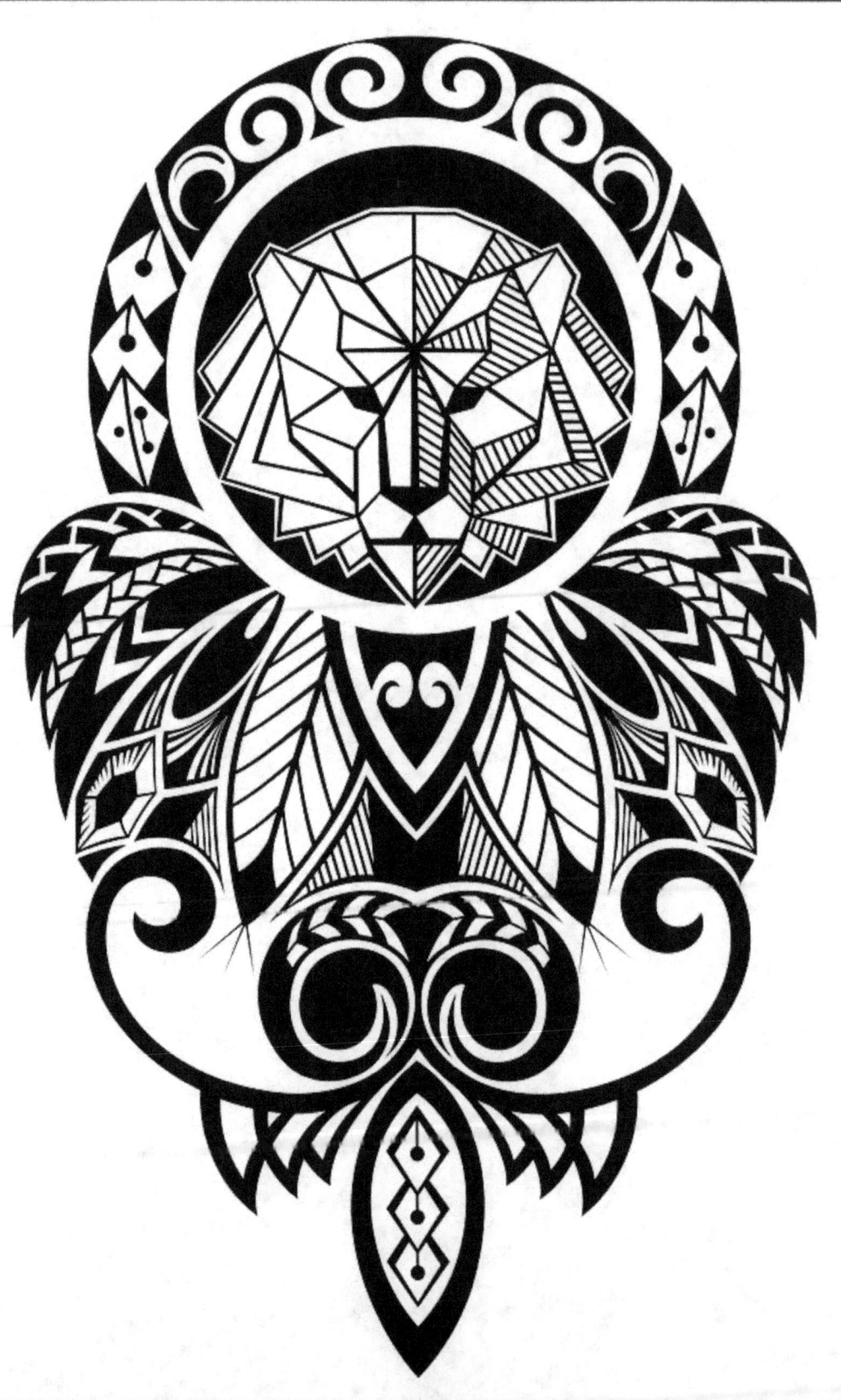

TATUAJE MIXTO LIBRO DE COLOREAR